3 文と文とのつながりを捉える

❶ 接続語を手掛かりに、一文一文の論理的なつながりを把握する。

主な接続語の働きを理解しよう。

1 **話題の転換**　さて・ところで・次に・いったい・ときに
2 **逆接**　しかし・だが・とはいえ・ところが・けれど
3 **順接**　そして・そこで・だから・したがって・その結果・すると
4 **並列・添加**　そして・それから・そのうえ・また・なお・しかも・さらに・および・そればかりでなく
5 **対比・選択**　むしろ・かえって・もしくは・というよりは・その反面・どちらかといえば
6 **理由・補足**　なぜなら・というのは・もっとも
7 **言い換え・要約**　つまり・すなわち・要するに・結局

中には複数の働きを持つものもある。接続語が用いられていない場合は、前後の関係や文脈から判断して、接続語を補いながら、文のつながりを捉えよう。

❷ 指示語を手掛かりに文脈をつかむ。

主な指示語は次のとおり。

これ・それ・あれ　ここ・そこ・あそこ　この・その・あの
こう・そう・ああ　こんな・そんな・あんな　前者・後者

指示語のさし示す内容は、語句・文・文章・段落とさまざまなので、常に指示内容の範囲がどこまでかを考える。指示内容は指示語の前にある場合が多いが、あとにある場合もあるので注意する。指示内容を答える場合は、その終わり方を考え、指示語の位置に指示内容を入れてみて、文意が正しく通るかを確かめよう。

4 段落相互の関係を読み取る

改行から次の改行までの文の集まり（一文の場合もある）を形式段落、形式段落を内容面で集めたまとまりを**意味段落（大段落）**という。段落には、問題提起・展開（具体例・考察・説明）・結論・補足などの役割がある。意味段落にまとめる際には、以下に注意しよう。

❶ 一つ一つの形式段落の意味内容を確認する。

❷ 接続語に注意して、形式段落相互のつながりを考え、論の展開を確認する。段落相互のつながりを読み取って、内容の変わり目を意味段落の切れ目と考える。

意味段落相互の関係を捉えて、文章全体の構成を把握する、大切だ。三段型（序論→本論→結論）と四段型（起→承→転→結）が多いが、次のパターンもある。（■＝結論の段落　□＝展開の

① 頭括型
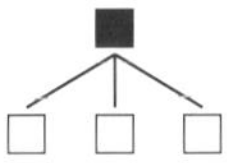
② 尾括型
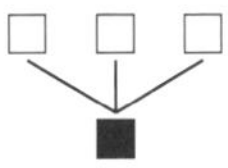
③ 双括型
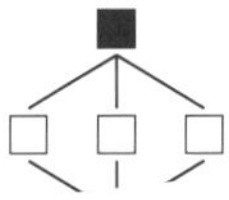

● 大意・要旨・主題（テーマ）について……

大意は、原文の縮小、あらすじと考え、各段落の要点や構成をえながら、叙述の順に従って全体的にまとめればよい。

要旨は、文章に書かれた最も中心的な事柄をまとめたものだ。筆者の主張が最もよく表れている段落（結論の段落）を中心にまとめればよいのだが、その際、**主題**と密接な関係にある**トピックセンテンス**や**キーワード**を見落とさないことが重要だ。

はしがき

『ニューフェイズ』シリーズは、基礎レベルから大学入試レベルへとステップアップしながら新しい入試にも対応できる力を養成することをねらいとした問題集シリーズです。幅広いジャンルから厳選した良質な文章を数多く読み込むことで、あらゆる文章に対応できる読解力が身につくように構成しています。また、大学入学共通テストをはじめとする、さまざまな大学入試の出題傾向を参考にした、「評論×評論」「小説×小説」「実用文×評論」「評論×データ」などの豊富な文種の問題を収録しています。

本書の特色

一、二次元コードからアクセスできる「本文を読む前に」で、本文のジャンルや話題について動画で解説しています。問題に取り組む前に活用することで、より本文の内容理解を深めることができます。

使い方のポイント

▶本文を読む前に
本文のジャンルや話題について解説した動画で理解を深める。

目標解答時間
それぞれの大問ごとに目安となる解答時間を設定。

重要語句
本文の読解に欠かせない語句を掲載。解説で意味を確認できる。

本文の展開
文章の流れを図式で整理。ポイントとなる部分の穴埋め、本文の構成に関する問いを設置。

主題の問い
本文の主題に関する問いを設置。

二、本文読解に役立つ語句を「重要語句」として掲載しています。語の意味は解答解説編で確認することができます。語注や「重要語句」の上の数字は本文に出現する行番号を表しています。

三、問題演習は、「本文の展開」と「設問」で構成し、各回に計50点を配点しました。
「本文の展開」では、文章の流れを図式化して整理し、ポイントとなる部分を穴埋め問題にしています。また、**共通テストのノート型問題**にも出題されている、本文の構成に関する問いに取り組むことができます。
「設問」は、「知識・技能」と「思考力・判断力・表現力」で色分けし、それぞれの点数を集計する採点欄を設けています。

四、巻末付録の「技能別採点シート」では、各設問に付いている「設問区分」ごとの点数を集計することができ、自分の弱点を把握することができます。

※本シリーズで取り上げた本文は、問題集の体裁上の配慮により、原典から文章の中略や表記の変更を行ったものもあります。

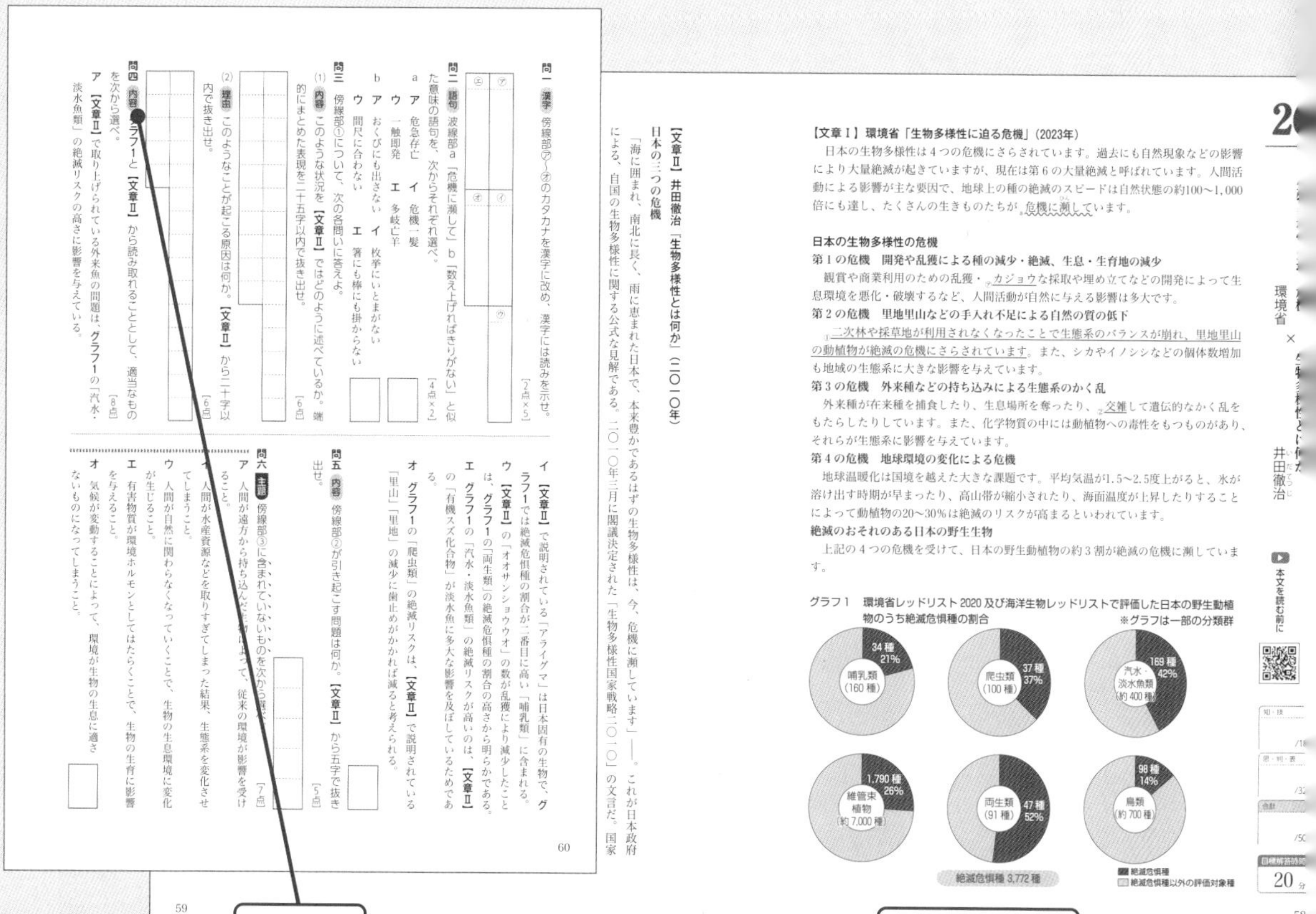

環境省 × 生物多様性とは何か 井田徹治
【文章Ⅰ】環境省「生物多様性に迫る危機」(2023年)
日本の生物多様性は4つの危機にさらされています。過去にも自然現象などの影響により大量絶滅が起きていますが、現在は第6の大量絶滅と呼ばれています。人間活動による影響が主な要因で、地球上の種の絶滅のスピードは自然状態の約100〜1,000倍にも達し、たくさんの生きものたちがa危機に瀕《ひん》しています。
日本の生物多様性の危機
第1の危機 開発や乱獲による種の減少・絶滅、生息・生育地の減少
観賞や商業利用のための乱獲・㋐カジョウな採取や埋め立てなどの開発によって生息環境を悪化・破壊するなど、人間活動が自然に与える影響は多大です。
第2の危機 里地里山などの手入れ不足による自然の質の低下
①二次林や採草地が利用されなくなったことで生態系のバランスが崩れ、里地里山の動植物が絶滅の危機にさらされています。また、シカやイノシシなどの個体数増加も地域の生態系に大きな影響を与えています。
第3の危機 外来種などの持ち込みによる生態系のかく乱
外来種が在来種を捕食したり、生息場所を奪ったり、②交雑して遺伝的なかく乱をもたらしたりしています。また、化学物質の中には動植物への毒性をもつものがあり、それらが生態系に影響を与えています。
第4の危機 地球環境の変化による危機
地球温暖化は国境を越えた大きな課題です。平均気温が1.5〜2.5度上がると、氷が溶け出す時期が早まったり、高山帯が縮小されたり、海面温度が上昇したりすることによって動植物の20〜30%は絶滅のリスクが高まるといわれています。
絶滅のおそれのある日本の野生生物
上記の4つの危機を受けて、日本の野生動植物の約3割が絶滅の危機に瀕しています。
グラフ1 環境省レッドリスト2020及び海洋生物レッドリストで評価した日本の野生動植物のうち絶滅危惧種の割合
※グラフは一部の分類群
哺乳類(160種) 34種 21%
爬虫類(100種) 37種 37%
汽水・淡水魚類(約400種) 169種 42%
維管束植物(約7,000種) 1,790種 26%
両生類(91種) 47種 52%
鳥類(約700種) 98種 14%
絶滅危惧種 3,772種
絶滅危惧種
絶滅危惧種以外の評価対象種
本文を読む前に
目標解答時間 20分
58
【文章Ⅱ】井田徹治「生物多様性とは何か」(二〇一〇年)
日本の三つの危機
「海に囲まれ、南北に長く、雨に恵まれた日本で、本来豊かであるはずの生物多様性は、今、危機に瀕しています」――。これが日本政府による、自国の生物多様性に関する公式な見解である。二〇一〇年三月に閣議決定された「生物多様性国家戦略二〇一〇」の文言だ。国家
59
問一 漢字 傍線部㋐〜㋔のカタカナを漢字に改め、漢字には読みを示せ。〔2点×5〕
問二 語句 波線部a「危機に瀕して」b「数え上げればきりがない」と似た意味の語句を、次からそれぞれ選べ。〔4点×2〕
a ア 危急存亡 イ 危機一髪 ウ 一触即発 エ 多岐亡羊
b ア おくびにも出さない イ 枚挙にいとまがない ウ 間尺に合わない エ 箸にも棒にも掛からない
問三 傍線部①について、次の各問いに答えよ。
(1) 内容 このような状況を【文章Ⅱ】ではどのように述べているか。端的にまとめた表現を二十五字以内で抜き出せ。〔6点〕
(2) 理由 このようなことが起こる原因は何か。【文章Ⅱ】から二十字以内で抜き出せ。〔6点〕
問四 内容 グラフ1と【文章Ⅱ】から読み取れることとして、適当なものを次から選べ。〔8点〕
ア 【文章Ⅱ】で取り上げられている外来魚の問題は、グラフ1の「汽水・淡水魚類」の絶滅リスクの高さに影響を与えている。
イ 【文章Ⅱ】で説明されている「アライグマ」は日本固有の生物で、グラフ1では絶滅危惧種の割合が二番目に高い「哺乳類」に含まれる。
ウ 【文章Ⅱ】の「オオサンショウウオ」の数が乱獲により減少したことは、グラフ1の「両生類」の絶滅危惧種の割合の高さから明らかである。
エ グラフ1の「汽水・淡水魚類」の絶滅リスクが高いのは、【文章Ⅱ】の「有機スズ化合物」が淡水魚に多大な影響を及ぼしているためである。
オ グラフ1の「爬虫類」の絶滅リスクは、【文章Ⅱ】で説明されている「里山」「里地」の減少に歯止めがかかれば減ると考えられる。
問五 内容 傍線部②が引き起こす問題は何か。【文章Ⅱ】から五字で抜き出せ。〔5点〕
問六 主題 傍線部③に含まれていないものを次から選べ。〔7点〕
ア 人間が遠方から持ち込んだ生物によって、従来の環境が影響を受けること。
イ 人間が水産資源などを取りすぎてしまった結果、生態系を変化させてしまうこと。
ウ 人間が自然に関わらなくなっていくことで、生物の生息環境に変化が生じること。
エ 有害物質が環境ホルモンとしてはたらくことで、生物の生育に影響を与えること。
オ 気候が変動することによって、環境が生物の生息に適さないものになってしまうこと。
60

グラフと本文の内容を照らし合わせて考える問いを設置。

さまざまな文種に慣れるため、グラフを含んだ実用的な文章と評論の読み比べ教材を掲載。

目次

ニューフェイズ 現代文1+

	解説動画	タイトル	ジャンル	テーマ	著者	ページ
1	▶	「生命の網」に生きる自分	随想	環境	森田真生	4
2	▶	半畳を入れる	随想	文化	赤坂治績	6
3	▶	危険を学ぶ	評論	リスク	畑村洋太郎	8
4	▶	プロテウス的人間	評論	自己	榎本博明	10
5	▶	怖い科学至上主義	評論	科学	竹内 薫	12
6	▶	終わらない歌	小説		宮下奈都	14
7	▶	朝顔	随想	自然	志村ふくみ	16
8	▶	現代の序詞（読み比べ）	韻文×評論	短歌	俵 万智	18
9	▶	自由な個人へ／男女共同参画白書（読み比べ）	評論×データ	社会	本田由紀／内閣府	20
10	▶	ドシラソファミレド（長文 一三〇〇字）	小説		長野まゆみ	23
11	▶	ひとを理解するということ	評論	人間	鷲田清一	26
12	▶	文学は役に立つか	評論	文学	中村邦生	28
13	▶	風景と人の心	評論	景観	沢田允茂	30
14	▶	コトバと知識	評論	言語	外山滋比古	32
15	▶	ピスタチオ	小説		梨木香歩	34

解答のルール

解答欄のマス目の使い方

一マスに一字が基本。とくに指示がない場合、句読点や記号、カギカッコなども字数に数える。

原稿用紙とは違うので、行末のマス目に文字と句読点などをいっしょに入れないようにしよう。

「本文だけだ」という。

行頭のマスはあけない

一マスに一字が基本

行頭のマスが記号でもよい

字数指定の答え方

十字以内で答えよ
→十字を超えないで答える。

十字程度で答えよ
→十字を少し超えてもよい。

これらの場合、指定字数の八割以上で答えよう。

番号	題名	種類	字数	テーマ	著者	ページ
16	音楽の聴き方	評論		音楽	岡田暁生	36
17	日本語の美	評論		表現	中村 明	38
18	知の主観性	評論		知識	西垣 通	40
読み比べ 19	冒険というパフォーマンス 冒険の批評性	評論×評論	長文 一〇〇〇字 一二〇〇字	文化	平野啓一郎 角幡唯介	42
20	螢川	小説	一四〇〇字		宮本 輝	45
21	「私」はどこまで自由か	評論		自由	浜田寿美男	48
22	科学の考え方	評論		科学	池内 了	50
23	漢字と日本語	評論		語彙	鈴木孝夫	52
24	名人伝	小説			中島 敦	54
25	日本的集団主義の実像	評論		日本	佐伯啓思	56
読み比べ 26	生物多様性に迫る危機 生物多様性とは何か	実用文×評論	長文 七〇〇字 七〇〇字	環境	環境省 井田徹治	58
27	消費社会を問い直す	評論×図	一七〇〇字	経済	貞包英之	61
28	シジフォスの労働	評論	一四〇〇字	生物	福岡伸一	64
29	奪われた覚悟	評論	一六〇〇字	思想	内山 節	67
読み比べ 30	芋粥 利仁将軍が芋粥をご馳走した	小説×小説	九〇〇字 七〇〇字		芥川龍之介 町田 康(訳)	70
	技能別採点シート					
	設問の種類と対策のしかた					

十字で答えよ
↓十字ぴったりで答える。

八字以上十字以内で答えよ
↓八字から十字までで答える。

記述問題の答え方

説明を求められる場合

〜はなぜか
↓解答の文末を「〜から。」「〜ので。」とする。

〜はどういうことか
↓解答の文末を「〜こと。」とする。

〜はどのような制度か答えよ
↓解答の文末を「〜(という)**制度**。」とする。

このように、問われている対象の語句で結ぶとよい。

1 「生命の網」に生きる自分

森田《もりた》真生《まさお》

▶ 本文を読む前に

1 地球が月のように極端に寒くならないのは、大気中に含まれるわずかな温室効果ガスのおかげだ。大気は、地球と生命の活発な活動の賜物《たまもの》である。地球上の生命は、自らの住める環境を、協働しながらともに作り続けているのである。

2 もし誰の力も借りずに、自力だけで生きられると思う人がいるなら、月で生きることを想像してみてほしい。昼は一〇〇度を超え、夜は氷点下一五〇度を下回る世界。息を吸おうとしても酸素もないのだ。

3 僕たちの身体は、生きることがどれほど他者に依存しているかを、いつも[a]雄弁に物語っている。(ア)ヒフの表面や体内に［　A　］数の微生物がいる。脳や血液や内臓には何種類ものウイルスがいる。全身の細胞にはそれぞれ何百ものミトコンドリアがいて、大昔に細胞の祖先と共生し始めた彼らが、今も休みなく細胞にエネルギーを供給している。

4 ①自分のどこを探しても、自分でないものがない場所はない。それほど僕たちの存在は、互いに(イ)絡み合ってしまっているのである。

5 生命の複雑な関係の網は、地球の隅々に張り巡らされている。皮肉にも、この網から自由になろうとする人間の活動が、網の複雑さと繊細さをますます浮き彫りにしている。

6 現代の人類の[b]放縦な活動は、大気中の温室効果ガスの濃度をわずかに、しかし急速に上昇させている。②これが引き起こす地球規模の気候変動は、人間を含む多くの生き物の生存を(ウ)オビヤかしている。

7 新たなパンデミックは、人間と人間が接触するとき、行き(エ)交っているのが人間ばかりではないことを教えてくれる。大気という財産を共有しながら生きる生物の一員である僕たちにとって、あらゆる「感染」の可能性を排除することは現実的ではない。

8 二酸化炭素やウイルス、放射性廃棄物やマイクロプラスチック……僕たちは目に見えないものの不気味さに怯《おび》えながら、自分がいかに自分でないものと混ざり合っているかを学び直している。

9 自分の存在が何に依存しているかを精緻《せいち》に(オ)ビョウシャしていくことは、今あることの「ありがたさ」に目覚めていくことでもある。

1 **温室効果ガス**…大気中に含まれる二酸化炭素などの気体の総称。
7 **ウイルス**…他の細胞に依存して増殖する微小な構造体。
8 **ミトコンドリア**…細胞の内部に存在する細胞小器官。
16 **パンデミック**…感染症や伝染病が全世界的に急激に広まる状態。
19 **放射性廃棄物**…使用済みの放射性物質および汚染された放射性物質。
19 **マイクロプラスチック**…直径五ミリメートル以下のプラスチック片。

重要語句
2 賜物　2 協働　9 供給　21 精緻

知・技	/16
思・判・表	/34
合計	/50
目標解答時間	15分

本文の展開

1 2 【導入】……
地球上の生命…自らの住める環境を［　①　］しながら作り続けている

3～6 【展開】……
僕たちの身体…生きることが他者に［　②　］していることを物語る
＝自分のどこを探しても自分でないも

問一 漢字 傍線部㋐～㋔のカタカナを漢字に改め、漢字には読みを示せ。［2点×5］

㋐ **ヒフ**

㋑ **絡**み

㋒ **オビヤ**かして

㋓ 行き**交**って

㋔ **ビョウシャ**

問二 語句 波線部a「雄弁に物語る」b「放縦な」の意味を次からそれぞれ選べ。［3点×2］

a
ア それとなく表す
イ はっきりと示す
ウ 言葉巧みに語る
エ 口数多く話す

b
ア 他者の気に入るような
イ 義務を負わないような
ウ 手間をかけないような
エ 勝手気ままな

問三 文脈 空欄Aに入る語句を次から選べ。［3点］

ア 仰々しい　**イ** 甚だしい
ウ おびただしい　**エ** すさまじい

問四 内容 傍線部①を説明した次の文の a ・ b にあてはまる語句を、aは二字、bは五字で本文中から抜き出せ。［4点×2］

自分の a のすべてが b して成り立っているということ。

問五 指示 傍線部②が指示する内容を、本文中の語句を用いて三十字以内で答えよ。［5点］

問六 主題 本文の内容と一致するものを次から選べ。［6点］

ア 温室効果ガスによって地球上の温度が保たれるので、人類はこのまま放縦な活動を続けるべきだ。

イ 月の環境では生命は単独で存在できないが、地球の環境では生命は自力で生存できる。

ウ 他者に依存して存在している人間は、他の生命体と影響し合って自分が生きる環境を作っている。

エ 人間の身体の至るところに微生物やウイルスがいるために、人間は自分の健康を守ることができない。

オ 新たなパンデミックを回避するには、生命の複雑な関係の網を解き明かし、この網から自由になるべきだ。

のがない場所はない

＝

生命の複雑な関係の網が地球上に張り巡らされている

人類の ③ な活動
↓温室効果ガスの濃度の上昇
↓地球規模の気候変動
↓生物の生存への脅威

7～9 **【考察】**……

新たなパンデミック・二酸化炭素・ウイルス・放射性廃棄物など

← ④ でないものと混ざり合っている僕たち

筆者の主張

他者に依存する自分の存在に気づくこと
＝
今あることの「ありがたさ」に目覚めていくこと

▼**1** 空欄①～④にあてはまる語句を本文中から抜き出せ。［2点×4］

▼**2** 5段落と6段落の関係として適当なものを次から選べ。［4点］

ア 主張と根拠　**イ** 抽象と具体
ウ 主張と反論　**エ** 事実と意見

2　半畳《はんじょう》を入れる

赤坂治績《あかさかちせき》

▶ 本文を読む前に

1 「相手をからかったり、まぜっかえしたりすること」を「半畳を入れる」と言う。要するに、「野次《やじ》を飛ばすこと」である。この「半畳」とは何で、どこに「入れる」のか。

2 この言葉も歌舞伎《かぶき》から生まれた。江戸時代の劇場に椅子《いす》はなかったので、観衆は平らな場所で観《み》た。その際、尻《しり》の下に敷物を敷いた。その尻の下に敷く「小さな敷物」が半畳である。ⓐちなみに、これを借りるためには金が要《い》り、㋐カす人を「半畳売り」と言った。

3 昔の劇場の設備は、現代から見ると、快適とは言えない。しかし、劇場内は熱気があったようだ。戦前の劇場の㋑フンイキを知っている、ある古老に聞いたところ、「昔の観客は、感動を体全体で表し、おもしろくないと『　A　』ⓑなどと痛烈な野次を飛ばした。」と言っていた。近年亡くなった俳優の著書を読んでも、同じようなことが書かれている。

4 江戸時代の観衆は、さらに過激だったようで、芝居がおもしろくないと舞台に半畳を投げ入れた。この行為が「半畳を入れる」で、「半畳を打ち込む」とも言った。大相撲の番狂わせのとき、見物席から土俵に向かって座布団が投げ入れられるが、それと同じである。①そのことから、半畳を入れるという語は「他人の言動を、㋒ヒナンしたり、茶化したりする行為。」を意味するようになった。

5 私は三十年以上、毎日のように芝居を観ているが、近年は観衆が野次を飛ばす場面に出会ったことがない。西洋の紳士・淑女のようにおとなしく芝居を見ようという観衆教育が行き届いて、②日本の伝統が一つ消えてしまった。

6 というのは、口に出して相手をヒナンするのは日本の伝統だった。悪態は社会の㋓チツジョを㋔イジするための装置と考えられているが、その風習が芸能に入ったのが、芝居の悪態だ。③芝居の半畳を入れる行為も不満の表明であると同時に、一種の言祝《ことほぎ》と言えよう。

---

19 言祝…祝いの言葉を言うこと。

重要語句

1 まぜっかえす
1 野次を飛ばす
7 古老
11 番狂わせ
13 茶化す
17 悪態

知・技	/18
思・判・表	/32
合計	/50

目標解答時間 15分

本文の展開

1 【言葉とその意味の提示】……「半畳を入れる」＝「野次を飛ばす」

2 3 4 ……
歌舞伎から生まれた言葉
「半畳」＝観衆が使う敷物
戦前の観衆　おもしろくないと痛烈な野次を飛ばした
江戸時代の観衆　さらに過激で、おもしろくないと ①［　　］を投げ入れた
→ 半畳を入れる　「他人の言動を、ヒナンしたり、茶化したりする行為」を表す

5 6 【言葉の奥にある伝統】……
近年の観衆　おとなしく芝居を見る
＝

問一 漢字 傍線部㋐〜㋔のカタカナを漢字に改めよ。［2点×5］

㋐ カす

㋑ フンイキ

㋒ ヒナン

㋓ チツジョ

㋔ イジ

問二 語句 波線部ａ「ちなみに」ｂ「痛烈な」の意味を次からそれぞれ選べ。［2点×2］

ａ
ア 言うまでもないがつけ加えると
イ 余計なことだが説明すると
ウ 参考までに言い添えると
エ 詳しく説明すると

ｂ
ア 大きな声で
イ 手厳しい
ウ 激しい動作で
エ 心のこもった

問三 語句 空欄Ａには、芸の下手な役者をあざける語句が入る。適当な語を漢字二字で答えよ。［4点］

問四 文脈 本文からは次の一文が抜けている。どこに入れるのが適当か。前文の最後の五字を答えよ。（句読点は含まない。）［5点］

たとえば、各地に残る悪態祭・喧嘩《けんか》祭では、悪口を言い合い、擬似的な喧嘩をして、豊作や健康を祈願する。

問五 指示 傍線部①とはどのようなことか、答えよ。［7点］

問六 内容 傍線部②とは何か。十字程度で答えよ。［6点］

問七 主題 傍線部③で筆者は半畳を入れることをどう考えているか。適当なものを次から選べ。［5点］

ア 観客としての品性を疑われるような、時代遅れの行為である。
イ 真剣に演じている役者への批判になるので、してはいけない行為である。
ウ 半畳を入れることを、日本の演劇鑑賞の習慣として教育しなければならない。
エ おとなしく芝居を見ている西洋の人々にも広めたい、日本の伝統文化である。
オ 劇場内の熱気を高め、舞台を活性化させる行為である。

口に出して相手をヒナンするという
日本の ② が一つ消えた
（悪態→社会のチツジョをイジ）
芝居の悪態（半畳を入れる行為）
＝
不満の表明・一種の言祝

▼**1** 空欄①・②にあてはまる語句を本文中から抜き出せ。［3点×2］

▼**2** 本文を右のように三つに区切るとき、二つ目の意味段落のタイトルとして適当なものを次から選べ。［3点］

ア 言葉の生まれた背景
イ 言葉と筆者との関わり
ウ 類似した言葉の紹介
エ 言葉の具体的な使われ方

3 危険を学ぶ

畑村《はたむら》洋《よう》太郎《たろう》

1 危険と遭遇(a)することは、子どもたちにとっても大きな学びのチャンスです。「危険なものをなくす」という安全対策の考え方は、子どもたちから危険と触れる機会を㋐ウバうことにつながります。これでは子どもたちは、遊びを通じて危険や安全について学ぶことが㋑イッサイできなくなってしまいます。

2 たとえるならそれは、①無菌状態で子どもを育てるようなものです。もしも無菌状態のままで一生過ごすことができるのなら、それはそれで別に問題はないかもしれません。[A]、現実の社会にはあちこちにいろんな危険が潜んでいます。危険に対して②免疫力を持たないまま育った人が社会の中のさまざまな危険に遭遇するようになったら、その人は㋒カンタンに防げるはずの事故に遭っても下手したら死んでしまうかもしれません。

3 前述したように、最近はつくり手が想定していない形の事故で人が大けがをしたり死んだりするケースが増えています。これも行き過ぎた安全社会の結果ではないかと私は見ています。安全であることが当たり前になると、誰もが危険というものに鈍感になります。本当は大きな危険が潜んでいるのに、「何をやっても大丈夫」と思って無茶なことでも平気でやってしまうから、さまざまな条件が重なったときに誰も予想をしていなかった大事故が起こるのです。

4 危険を完全に排除して、子どもたちを無菌状態で育てるのは、未来の大事故の㋓ジュンビをしているようなものです。人が大けがをしたり亡くなったりする痛ましい事故を防ぐためには、③そのような視点を持つことも必要です。危ないからといって、子どもから鉛筆削り用のナイフを取り上げるのは間違いなのです。危なさを学ばせるために、あえてふだんから危険に触れさせることが必要ではないでしょうか。

5 もちろん、このときの危なさは「制御された危険」でなければなりません。危険と遭遇させた結果、子どもたちが大けがをしたり死んだりすることがあるというのでは本末転倒(b)です。この㋔カゲンはなかなか難しいと思いますが、危険に関する情報と知識を蓄え、社会の共有財産にしていくことで必ず乗り越えることができます。④私たちが目指している「安全社会」というのも、その先にあるように思います。

▶ 本文を読む前に

重要語句

6 免疫力　9 ケース　15 痛ましい　18 制御

知・技	/16
思・判・表	/34
合計	/50
目標解答時間	15分

本文の展開

【主張】……
危険と遭遇すること
＝
子どもたちにとって学びのチャンス

●「危険なものをなくす」という安全対策
→安全や危険について学ぶことができない

【理由の提示】……
●無菌状態
危険に対する［①　］ができない
→現実社会のカンタンに防げる事故でも大事故になってしまう

●行き過ぎた安全社会
→危険に鈍感になる

【結論】……
危険を学ぶためにあえてふだんから危険にふれさせることが必要

問一 **漢字** 傍線部㋐〜㋔のカタカナを漢字に改めよ。［2点×5］

㋐ ウバう
㋑ イッサイ
㋒ カンタン
㋓ ジュンビ
㋔ カゲン

問二 **語句** 波線部a「遭遇する」b「本末転倒」の意味を次からそれぞれ選べ。［3点×2］

a
ア 避ける
イ 出くわす
ウ 慣れ親しむ
エ 取り組む

b
ア 取り返しのつかないこと
イ 見かけだけで中身がないこと
ウ 大事なことを取り違えること
エ 予想外の結果に終わること

問三 **内容** 傍線部①とはどのような社会のたとえか。「排除」という語を用い、「社会。」に続く形で、八字程度で答えよ。［5点］

社会。

問四 **文脈** 空欄Aに入る語を次から選べ。［3点］

ア だから　イ ところが
ウ そのうえ　エ あるいは

問五 **内容** 傍線部②とあるが、子どもたちが危険に対する「免疫力」を持つようになるにはどうすることが必要か。解答欄に合う形で、傍線部②より前の箇所から十一字で抜き出せ。［5点］

遊びを通じて危険に触れる機会を持つことで

こと。

問六 **指示** 傍線部③とは、どのような視点か。適当なものを次から選べ。［6点］

ア 危険の排除がかえって大事故を招きかねないという視点。
イ 事故を防ぐには危険を排除することが重要だという視点。
ウ 危険を放置することが大事故の予防になるという視点。
エ 危険を排除せずに事故を防ぐ方法を探るべきだという視点。
オ 積極的に危険に触れることで事故の対処がうまくなるという視点。

問七 **主題** 傍線部④とあるが、ここで筆者が「安全社会」の実現のために乗り越えなければならない課題としているのはどのようなことか。次の文の空欄に合う形で十五字以内で答えよ。［6点］

子どもたちに危険について安全に学ばせるために、いかにして［　　］かということ。

「［②］された危険」でなければ

私たちが目指している「安全社会」

▼1 空欄①・②にあてはまる語句を本文中から抜き出せ。［3点×2］

▼2 本文を右のように三つの意味段落に区切るとき、適当な分け方を次から選べ。［3点］

ア 1／2 3 4／5
イ 1／2 3／4 5
ウ 1 2／3 4／5
エ 1 2／3／4 5

4 プロテウス的人間

榎本博明《えのもとひろあき》

1 モラトリアムを維持しながらも、限りなく自己実現を求め続ける人物。それが①新たな時代の適者かもしれないといって、プロテウス的人間という生き方を㋐エガいたのは社会学者リフトンである。

2 プロテウスというのは、自分の姿をヘビやライオン、竜、火、洪水などにa変幻自在に変えることはできるのに、自分自身のほんとうの姿を現すことのできないギリシャ神話の海神の名前だ。

3 プロテウス的人間とは、環境の変化に応じて自分自身を変身させ、そのつど自己の可能性を最大限発揮しようとするタイプを指す。

4 このように一見すると一貫性がなく、バックボーンが㋑カけた人物は、変動の少ない伝統的社会の価値観からすれば、主体性がなく、安定せず、信頼できないといって㋒ヒテイ的に評価されたはずだ。

5 でも、現代ではどうだろうか。こちらがある仕事に身を捧《ささ》げようとしたところで、働き盛りの頃にはその仕事がなくなっているということだって、十分あり得るのだ。このような変動の激しい時代を生き抜くには、まさにプロテウス的な生き方が求められているのではないか。

6 ②職業選択がなかなかできない若者が増えているのも当然のことだ。こんなに変動の激しい時代なのに、仕事を一生ものなどと大げさに考えるから決断ができなくなる。とりあえずは今の状況で最善と思える選択をすればよい。

7 判断を㋓アヤマることはよくあることだし、やってみなければ自分に合うか合わないかなんてわからない。どうしても合わなければ変えればよいだけのこと。状況が変われば、それに応じて仕事を変えることもあるだろう。それは、③根気がないなどと非難されることではない。状況が変わったということは、判断の前提が変わったわけだから。

8 そんなふうに状況に応じて新たな価値観や仕事に柔軟に自分を適応させていく。しかも、いい加減とか中途半端というのではなく、それぞれの時点では自分がb傾倒する役割に㋔ボットウし、全力で立ち向かう。ただし、そこに自己のアイデンティティを限定せずに、別の可能性にも自己を開いておく。気になることには目を向ける気持ちの余裕をもつ。このような生き方こそが、変動の激しい現代にふさわしい生き方と

本文を読む前に

1 **モラトリアム**…青年が社会で役割を引き受けるようになるまでの猶予期間。

2 **リフトン**…一九二六年〜。アメリカの精神科医・社会学者。

重要語句

1 自己実現　7 バックボーン　21 アイデンティティ

知・技	/16
思・判・表	/34
合計	/50

目標解答時間 15分

本文の展開

【序論】新たな時代の適者
→プロテウス的人間
＝
環境の変化に応じて自分自身を変身させ、そのつど自己の可能性を最大限発揮しようとするタイプ

【本論】プロテウス的な生き方
●変動の少ない伝統的社会の価値観
→ヒテイ的に評価
⟷
●現代のような［①　　］の激しい時代
→求められている

言えないだろうか。

問一 漢字 傍線部㋐〜㋔のカタカナを漢字に改めよ。［2点×5］

㋐ **エガ**いた
㋑ **カ**けた
㋒ **ヒテイ**
㋓ **アヤマ**る
㋔ **ボットウ**

問二 語句 波線部a「変幻自在」b「傾倒する」の意味を次からそれぞれ選べ。［3点×2］

a
ア 種類に富んでいるさま
イ 気ままに物事を行うさま
ウ 思うままに変化するさま
エ 落ち着きがないさま

b
ア 関わる
イ 引き受ける
ウ 突き進む
エ 夢中になる

問三 内容 傍線部①とは、どのような時代だというのか。本文中から六字で抜き出せ。［4点］

＿＿＿＿＿＿時代。

問四 理由 傍線部②とあるが、筆者はその理由をどう述べているか。適当なものを次から選べ。［6点］

ア 若者が決めた仕事は一生やり続けるものだと考えているから。
イ 若者が状況に応じて仕事を見つければよいと考えているから。
ウ 若者にもできるような簡単な仕事が減っているから。
エ 若者が仕事を長く続ける根気を持っていないから。
オ 若者が今の状況に合う仕事はないと思い込んでいるから。

問五 内容 傍線部③から読み取れる筆者の考えを、解答欄に合う形で本文中から十一字で抜き出せ。［7点］

現代の若者たちが置かれている状況を、＿＿＿＿＿＿＿＿＿＿＿の価値観で評価することはできないという考え。

問六 主題 筆者は現代を生きるうえでどのようなことが大切だと考えているか。解答欄に合う形で三十字以内で答えよ。［8点］

一方で、自分の可能性を限定せず、どんな状況にも柔軟に適応できるようにしておくこと。

【結論】 現代にふさわしい生き方
⬅ それぞれの時点では自分の傾倒する役割に全力で立ち向かう
＋ 状況に応じて新たな価値観や仕事に柔軟に適応できるよう別の ②＿＿ に自己を開いておく

▼**1** 空欄①・②にあてはまる語句を本文中から抜き出せ。［3点×2］

▼**2** 本文を右のように三つの意味段落に区切るとき、適当な分け方を次から選べ。［3点］

ア 1〜4／5〜7／8
イ 1〜3／4〜6／7、8
ウ 1〜3／4〜7／8
エ 1、2／3〜6／7、8

5 怖い科学至上主義

竹内《たけうち》 薫《かおる》

本文を読む前に

知・技	/16
思・判・表	/34
合計	/50

目標解答時間 15分

1 現代では、科学的㋐コンキョのない血液型性格判断や星㋑ウラナいがテレビで放映されています。ただし、それを科学者が「あれは非科学的だから、放送するのはやめなさい」というべきかどうかは、①意外と難しい問題なのです。というのは、それでは科学至上主義になるからです。宗教至上主義もまずいように科学至上主義もやはり怖い。学士院の㋒キョカがなければ、放送できない、雑誌に書けないとなると、それは行きすぎた検閲になってしまいます。

2 いまでも一部の国では、㋓エラい宗教指導者がいて、テレビや新聞の検閲があたりまえのように行われています。また、政府がマスコミを統制している国もあります。

3 自由主義、民主主義の[a]観点からは、そういった検閲は明らかに健全ではないので、テレビで血液型性格判断をやってもいいと私は思います。ただし、「科学的コンキョはありません」という㋔注釈は付けてほしいですね。

4 表現の自由は、科学的な正しさと[b]相容《あいい》れないことがあります。もし、そうであっても、表現の自由はある。そうしないと、［ A ］になります。科学的に正しいというのは、その時代の、その国の科学者たちが正しいと思う真実に過ぎないからです。

5 たとえばニュートンの時代は、ニュートンの方程式ですべてが予言できると考えられていましたが、ニュートン以降に量子力学が発見されると、ニュートン力学的な計算ではカバーできない部分（［ B ］という、どうしても知ることのできない限界）が自然界にはあるということがわかったんですね。

6 また、科学がロボトミーの悲劇を生み出すこともあったわけです。だから、②科学を盲信してはいけない。そして、非科学的なことで人間が不幸になるのも防がなくてはいけない。同時に、そういうことを自由に語る、おもしろがりながら話すという表現の自由が大切です。

4 **学士院**…学術上の大きな功績をもつ科学者を優遇するための栄誉機関。

5 **検閲**…国家機関が出版物などの表現内容を強制力をもって調べること。日本では憲法で禁止されている。

14 **ニュートンの方程式**…物体に力が働くときの加速度を表す運動の法則など。

15 **量子力学**…素粒子・原子・分子など微細な物体の物理現象を扱う科学。

17 **ロボトミー**…脳の前頭葉の一部を切除する、統合失調症の治療法。人格を完全に破壊してしまう手術で、現在は行われない。

重要語句

8 健全　9 注釈　17 盲信

本文の展開

1 非科学的な放送をやめさせるべきか

← ①［　　］は怖い

問一 漢字 傍線部㋐〜㋔のカタカナを漢字に改め、漢字には読みを示せ。［2点×5］

㋐ コンキョ

㋑ ウラナい

㋒ キョカ

㋓ エラい

㋔ 注釈

問二 語句 波線部a「観点」b「相容れない」の意味を次からそれぞれ選べ。［3点×2］

a
ア 立場を明らかにする考え
イ 物事を考えるときの立場
ウ 検討するべきポイント
エ 正しいとされる見方

b
ア 無関係に保障され得る
イ 相手の権利を認めない
ウ 立場や考えが相反する
エ 正と否が対立する

問三 文脈 空欄Aに入る語句を次から選べ。［4点］

ア 科学の弱体化　イ 真実が解明されないこと
ウ 憲法違反　エ 非科学的な表現
オ 非常に怖い社会

問四 理由 傍線部①とあるが、それはなぜか。適当なものを次から選べ。［6点］

ア 自分は科学至上主義の立場にいないから。
イ 自由主義の日本では、表現の検閲は禁止だから。
ウ 科学的な正しさを規準として検閲するのは不健全だから。
エ 今後、正しいと証明されるかもしれないから。
オ 非科学的なことには、注釈を付ければいいから。

問五 文脈 空欄Bに入る語句を次から選べ。［3点］

ア 不確定性　イ 非現実性
ウ 反社会性　エ 無意識性

問六 理由 傍線部②とあるが、その理由となる筆者の意見を本文中から一文で抜き出し、初めと終わりの五字を答えよ。［4点］

〜

問七 主題 最終的に、筆者は何が大切だと主張しているか。三十字以内で答えよ。［8点］

---

2 3 実例 一部の国での検閲・統制 ← 意見 検閲は不健全である

4 5 意見 科学的な正しさ
＝その時代の、その国の科学者たち が正しいと思う真実に過ぎない

実例 ニュートンの方程式での予言 ← 量子力学の発見
限界があることがわかった

6 科学を盲信せず、非科学的なことでも語れる ② が大切。

▼1 空欄①・②にあてはまる語句を本文中から抜き出せ。［3点×2］

▼2 本文の論展開の説明として適当なものを次から選べ。［3点］

ア 問題提起―具体例の比較―結論
イ 現状の提示―現状の分析―結論
ウ 主張―理由の提示―主張の再提示
エ 問題提起―解決策の検討―補論

6 終わらない歌

宮下奈都《みやしたなつ》

▶ 本文を読む前に

1 「夢と希望。あんただろ、①解釈を変えたのは」
伊戸《いと》さんは②にやりと口の端を上げた。

「あ……はい」
③解釈、といえるほどたいそうなものではない。ただ、劇中歌に出てくる「夢」や「希望」といった単語を、㋐スナオに明るく歌うだけでは少し違うのではないかと、千夏《ちなつ》と七緒《ななお》に話した。夢や希望をよきものとして高らかに謳《うた》い上げるのではなく、疑いを持つくらいのほうがいいのではないか、と。

2 夢は遠い。希望は儚《はかな》い。どんなに手を㋑ノばしてもつかめないかもしれない。夢も希望も、挫折や絶望のすぐそばにある。もしかしたら、㋒ホしがらないほうがいいのではないか、希望など初めからないほうがよかったのではないかと疑いながら、それでも希望を持たないわけにはいかない。夢に向かわずにはいられない。
「なるほど、希望をよろこばずに歌うのは、リアルだと思ったよ」

「はい」

パンドラの箱に、最後にたったひとつ残ったのが希望だったという。それは、ａ福音だったのだろうか。先に箱から出ていった㋓ジャアクなものたちと同じように、④実は、希望もゼウスのもたらした災厄のひとつだったのではないか。

3 新たな解釈というよりも、自分自身の心の奥底にある本音だった。夢も、希望も、前向きなだけのものではない。それがあるから苦しい。でもそれなしではやっていけない。その気持ちを思い切って話したら、千夏も、七緒も、すぐに理解してくれた。⑤同志なのだ。希望の塊のような千夏にも、㋔ゼント有望なはずの七緒にも、夢と希望はときに重くて厳しいものなのだと判《わか》った。
「仕上がりが楽しみだよ」

私が返事をする前に、伊戸さんはｂ踵《きびす》を返した。

---

13 **パンドラの箱**…ギリシャ神話において、ゼウス神が人間界に行くパンドラに渡したという箱。パンドラが箱を開けたところ、中からさまざまな災厄が飛び出し、最後に残ったのが「希望」であった。

重要語句
7 儚い
11 リアル
14 災厄

知・技	思・判・表	合計
/16	/34	/50

目標解答時間 15分

本文の展開

1 【歌の解釈】……
「私」歌の解釈を変えた
＝
「夢」や「希望」を明るく歌うだけではなく、① ［　　］ くらいのほうがいい

2 【夢と希望】……
理由 夢や希望
挫折や絶望のすぐそばにあり、初めからないほうがよかったのではないか
（　　）
持たずにはいられない

問一 漢字 傍線部㋐～㋔のカタカナを漢字に改めよ。［2点×5］

㋐ **スナオ**
㋑ **ノ**ばしても
㋒ **ホ**しがらない
㋓ **ジャアク**
㋔ **ゼント**

問二 語句 波線部a「福音」b「踵を返す」の意味を次からそれぞれ選べ。［3点×2］

a
ア よい巡り合わせ
イ 喜ばしいもの
ウ 珍重されるもの
エ 幸せな暮らし

b
ア 振り返る
イ 言葉を繰り返す
ウ 返事をする
エ 引き返す

問三 内容 傍線部①とあるが、どのように変えたのか。次の文の空欄にあてはまる語句を本文中から五字で抜き出せ。［4点］

夢や希望を□に歌うように変えた。

問四 内容 傍線部②に表れた伊戸さんの気持ちを説明した次の文の空欄にあてはまる語句を、本文中から三字で抜き出せ。［4点］

「私」の新しい解釈のほうが、より□な感情表現だと評価し、仕上がりを楽しみにする気持ち。

問五 内容 傍線部③とあるが、「解釈」ではなく何であったというのか。本文中から十四字で抜き出せ。［5点］

問六 理由 傍線部④と思う理由を説明した次の文の空欄に入る語句を、本文中から五字で抜き出せ。［5点］

夢や希望は前向きなもののようでいて、実は□と表裏一体の厳しいものだから。

問七 主題 傍線部⑤には、「私」のどのような気持ちがこめられているか。適当なものを次から選べ。［6点］

ア 苦しみを味わいながらも夢や希望に向かって努力を続けている千夏や七緒を羨む気持ち。
イ 苦しみながらも夢や希望を追っている仲間がいることがわかって勇気づけられる気持ち。
ウ 夢や希望を諦めた自分の苦しみを千夏や七緒に理解してもらえて感謝する気持ち。
エ 苦しみに耐えれば千夏や七緒のように夢や希望に近づけるのだと気づき安堵《あんど》する気持ち。
オ 千夏や七緒にも夢や希望に対する新たな解釈があることがわかって共感する気持ち。

3 **【仲間たちの理解】**……………

千夏と七緒 「私」の気持ちを理解

夢と希望
② □ ものなのだ
誰にとってもときに重くて

⬅

伊戸さん「仕上がりが楽しみだよ」

▼**1** 空欄①・②にあてはまる語句を本文中から抜き出せ。［3点×2］

▼**2** ◌にあてはまる記号を次から選べ。［4点］

ア ⬅（因果関係）
イ ⬌（対比関係）
ウ ＝（同義関係）

7 朝顔　志村《しむら》ふくみ

▶ 本文を読む前に

[1] ①朝顔という花が年ごとに私の心を魅《ひ》きつけてやまない。三年ほど前の夏、京の北山《きたやま》を越えて桂川《かつらがわ》の㋐ゲンリュウ近くの小さな山荘に住んでいたとき、早朝にふと起き出て外に出ると、谷あいの㋑キリの流れるあたりに、いくつとも知れず朝顔が空に向けて咲いていた。

[2] 今まで気づかなかったその花の青さに、私は瞬時にとらえられてしまった。まだ明けきらぬ㋒清澄な山の気の中に、その青さは言葉にならないほどだった。これから明けてゆく空さえも ａたじろいで、我が身を映しとっているのではないか、と②そう思ったにちがいない。

[3] こんな年になって、山の谷あいでこれほどの青に出会うとは、何か ｂ粛然としたものに打たれ、霊気に包まれてゆくようだった。清らかとか瑞々《みずみず》しいという言葉はむしろ色褪《あ》せて、全く別の色ではないものが色として私に姿を見せてくれたようだった。地上から幾百となく空に向かって青い顔《おもて》をあげてこの一日《ひとひ》を生き切る。

[4] ③夏の家々の垣根や簾《すだれ》に葉や蔓《つる》をからませて咲いている朝顔とは違うもののような気がした。私は朝顔の前に立ちつくしていると、陽《ひ》は［Ａ］あがり、少しオレンジ色を帯びた光が降り注ぎ始めた。青さは［Ｂ］輝いて満ちあふれるばかりだった。少したってもう一度朝顔の前に立った。すると、どこから忍び寄ってきたのか花の青は薄い襞《ひだ》を作って紅色がさしている。どの花もどの花も、花弁の中心に向けて幾筋かのくぼみがあり、そこから紅に変わってゆくようである。薄紅から紫へ、花蕊《かしん》から立ち上るように移ろい始めている。刻々、④青は天に返ってゆく。空のみなもとへ吸いこまれてゆくようだった。私は㋓ムネがたじろいだ。

[5] 地上の花には地上の花の㋔兆しがにじんできている。もうあの青はどこにもない。

[6] 紫を含んだ地上の花である。

重要語句

2 山荘　4 瞬時　4 清澄
7 霊気　8 瑞々しい　11 簾
15 移ろう　18 兆し

知・技	/16
思・判・表	/34
合計	/50

目標解答時間 15分

本文の展開

[1] 【早朝の朝顔】………
桂川の谷あいに、たくさんの朝顔が空に向けて咲いていた

[2][3] 【私をとらえた朝顔の青さ】……
花の青さに瞬時にとらえられた
①［　　］としたものに打たれ、霊気に包まれてゆくよう
→ 地上から幾百となく空に向かって青い顔をあげている

[4][5][6] 【花の色の変化】………
輝いて満ちあふれるばかりの青さ
→ 薄い襞に紅色がさす
→ 薄紅から紫へ移ろい始める
→

問一 漢字 傍線部㋐〜㋔のカタカナを漢字に改め、漢字には読みを示せ。 [2点×5]

㋐ ゲンリュウ

㋑ キリ

㋒ 清澄

㋓ ムネ

㋔ 兆し

問二 語句 波線部a「たじろぐ」b「粛然」の意味を次からそれぞれ選べ。 [3点×2]

a
ア がっかりする
イ 戸惑ってしまう
ウ 思案に暮れる
エ しりごみする

b
ア おごそかなさま
イ はなやかなさま
ウ 恐れおののくさま
エ 身構えるさま

問三 文脈 空欄A・Bに入る語を次からそれぞれ選べ。 [2点×2]

ア ますます　イ いまにも
ウ まだまだ　エ すっかり

A
B

問四 理由 傍線部①とあるが、なぜ魅きつけられたのか、1 2段落の中の語句を用いて簡潔に答えよ。 [6点]

問五 表現 傍線部②に見られる表現技巧を次から選べ。 [3点]

ア 直喩《ちょくゆ》（明喩《めいゆ》）
イ 隠喩《いんゆ》（暗喩《あんゆ》）
ウ 擬人法
エ 倒置法

問六 内容 傍線部③とあるが、この朝顔に出会って筆者はどのような気持ちになったか。それが表れている箇所を本文中から三十字以内で抜き出し、初めと終わりの五字を答えよ。 [6点]

〜

問七 主題 傍線部④とあるが、筆者はなぜこのように感じたのか。適当なものを次から選べ。 [5点]

ア 神の手によって朝顔の色彩が青から紫へと変化させられたと思ったから。
イ 朝顔の色彩がさまざまに移り変わる様子が虹と同じように感じられたから。
ウ 陽が昇る前の朝顔の青さが空を反映しているように思われたから。
エ 朝顔の色の変化があまりに急で、その原因を考える余裕がなかったから。
オ 京の北山の夏の空があまりにも鮮やかな青色をしていたから。

刻々、青は天に返ってゆく
② ［　　］に吸いこまれる
私はムネがたじろいだ

もう青はない　紫を含んだ地上の花

▼1 空欄①・②にあてはまる語句を本文中から抜き出せ。 [3点×2]

▼2 朝顔が「紫を含んだ地上の花」（19行目）になったきっかけが描写されている段落を次から選べ。 [4点]

ア 2　イ 3
ウ 4　エ 5

8 現代の序詞《じょことば》

俵《たわら》 万智《まち》

▶本文を読む前に

1 同音を利用した序詞は、現代短歌ではほとんど見られないが（言葉遊び的なものは、なぜか(ア)カンゲイされないようである）、こちらの比喩的な用い方のほうは、しばしば登場する。うまくいけば単純な比喩表現よりも、ずっと迫力のあるものが生まれる可能性がある。①これを、ほうっておく(a)手はない。枕詞《まくらことば》と違って、個人の(イ)ソウイ工夫が勝負どころ、というのが、現代にもウケる理由だろう。

2 砂時計買い来つ砂の落ちざまのいさぎよき友飲み明かさんよ　佐佐木幸綱《ささきゆきつな》

3 砂時計を買ってきた、その砂の落ちるさまの(ウ)イサギヨいこと、そのようにイサギヨい友よ、飲み明かそうよ……。

4 「砂時計買い来つ砂の落ちざまの」までが「［A］」を導き出す序詞である。「買い来つ」と言うことによって、それは(エ)イッパン的な「砂時計というもの」ではなく、作者が現実に手にしている砂時計ということになり、イメージはよりリアルになる。

5 いさぎよき、というのは、友の性格をいうのだろうが、なんとなく飲みっぷりもイサギヨい人なんじゃないかな、という感じがする。お酒の強い人を「底なし」と言ったりするが、［B］と、砂時計の砂がとどこおることなく落ちてゆくさまとは、どこか似ていないだろうか。

6 ②水蜜桃《すゐみつ》の雨のあを実のしろうぶ毛ふれがたくしてひとづまわれは　河野裕子《かわのゆうこ》

7 雨に濡れている水蜜桃の青い実。その白いうぶ毛のように、(オ)フれ難い感じを与える人妻というものなのだ、私は……。

8 まことに(b)瑞々《みずみず》しい比喩である。その瑞々しさを、ひときわ効果的に伝えているのが序詞の手法だろう。「水蜜桃の雨のあを実のしろうぶ毛ふれがたくしてひとづまわれは」というのと比べてみるとよくわかる。序詞として提出されたほうが、水蜜桃に実在感が加わり、さらに「ひとづまわれ」が水蜜桃そのものであるかのような印象を与える。

序詞…和歌などで、ある語句を導き出すためにその前に置かれる修辞的語句。音数に決まりがなく、自由に想像される。

3 **枕詞**…和歌などで、特定の語句を導き出す言葉。主に五音から成る。

6 **佐佐木幸綱**…一九三八年（昭和一三）～。歌人。

15 **水蜜桃**…甘くて水分の多い桃の一品種。

16 **河野裕子**…一九四六年（昭和二一）～二〇一〇年（平成二二）。歌人。

重要語句

11 リアル

本文の展開

1 ●現代の序詞

・同音を利用したもの……ほとんど見られない

・比喩的な用い方のもの……しばしば登場する

→ 単純な比喩表現よりも［①］のある短歌が生まれ

知・技	/16
思・判・表	/34
合計	/50

目標解答時間 15分

問一 **漢字** 傍線部㋐〜㋔のカタカナを漢字に改めよ。〔2点×5〕

㋐ **カンゲイ**

㋑ **ソウイ**

㋒ **イサギヨ**い

㋓ **イッパン**

㋔ **フ**れ難い

問二 **語句** 波線部a「手はない」b「瑞々しい」の意味を次からそれぞれ選べ。〔3点×2〕

a
ア 予定はない
イ 前例はない
ウ つもりはない
エ 方法はない

b
ア 奇抜で珍しい
イ 不安定で変化しやすい
ウ 新鮮で生気がある
エ 理論的で堅苦しい

問三 **指示** 傍線部①は何をさしているか。次から選べ。〔5点〕

ア 現代短歌
イ 言葉遊び的な用法の序詞
ウ 迫力のある枕詞
エ 単純な比喩表現
オ 比喩的な用い方の序詞

問四 **表現** 空欄Aに入る語句を、「砂時計」の短歌から抜き出せ。〔3点〕

問五 **文脈** 空欄Bに入る語句を次から選べ。〔6点〕

ア 杯のお酒を飲んで酔っ払うさま
イ 杯からお酒がどんどん減ってゆくさま
ウ 杯のお酒が空になったままであるさま
エ 杯にお酒がなみなみとつがれるさま
オ 杯のお酒がいつまでもなくならないさま

問六 **表現** 傍線部②の短歌から序詞の部分を過不足なく抜き出せ。〔3点〕

る可能性を持っている

2〜5 ……………

●**佐佐木幸綱の短歌**

序詞…「友」の性格だけではなく、飲みっぷりもイサギヨい人なのではないかという感じを与える

6〜8 ……………

●**河野裕子の短歌**

序詞…水蜜桃に［②　］を加え、「ひとづまわれ」が水蜜桃そのものであるかのような印象を与える

▼**1** **空欄①・②にあてはまる語句を本文中から抜き出せ。**〔3点×2〕

▼**2** **本文の論展開の説明として適当なものを次から選べ。**〔4点〕

ア 話題の提示―考察―結論
イ 主張―理由―主張の再提示
ウ 結論―具体例①―具体例②
エ 具体例―考察―結論

問七 **主題** 本文の内容と一致するものを次から選べ。〔7点〕

ア 同音を利用した序詞が現代短歌で使われないのは、残念なことである。
イ ソウイ工夫ができる枕詞を使えば、迫力のある短歌が生まれる可能性が高い。
ウ 序詞は枕詞と違って形式が自由なので、現代でも簡単に使うことができる。
エ 序詞を効果的に使うと、単純な比喩表現よりも歌に迫力が出る可能性がある。
オ 現代の序詞は、専門家に賞賛されるような言葉を生み出す工夫が必要である。

9 自由な個人へ

本田由紀《ほんだゆき》 × 男女共同参画白書　内閣府

▶ 本文を読む前に

1　日本では、一方では①古い家族観が根強く、政府も家族を美化したりさまざまな社会的責任を押しつけたりするようなふるまいが㋐イチジルしいのですが、他方では現実の家族は成立や維持が難しくなったり、家族間の関係が不十分であったり壊れていたりし、また家族が人々の間のa格差や分断を生み出し続けているという②問題も抱えています。

2　日本の家族の変化は、少子高齢化といった長期的・b構造的な㋑ヨウインを反映していますので、元に戻したりすることは容易ではありません。今必要なのは、古い家族像を理想化したり、家族が担い切れないほどの負担を負わせたりすることではなく、どのように異例な「家族」であったとしても、あるいは一人で独立して生きていく場合であっても、安心して、かつ㋒尊重されて人生を送れるようにすることです。そのためには、個々人を単位として、生命と生活を維持することができるためのモノ(住居や食品など)やサービス(医療や教育など)が、普遍的に確保できるような方向に向かっていくしかないのです。

3　夢のようなことを言うなって？　いえいえ、そんなことはありません。たとえば、日本にあふれている空き家や余った食品を、必要としている人に届けようとするさまざまなc草の根的な試みが、すでに多くの場所で始まっています。それが、「公助」をさぼろうとする政府を許してしまうことにならないように、そうした基本的なモノやサービスの㋓ホショウこそを「公助」の責任としていくように、人々が大声で要求していく必要があるのです。幻想の古い家族をうっとりと懐かしがってうずくまり、現実との落差にがっかりしている場合ではないのです。

4　そうして命と生活が確保されたところから、人々を家畜のように㋔シバりつける、機能としての「絆《きずな》」ではなく、互いに人格を認め合って関係を結ぶことができる、③新しい「家族」像が立ち上がってくることになるでしょう。

知・技	思・判・表	合計
/16	/34	/50

目標解答時間　20分

5 **少子高齢化**…子供が少なくなり、高齢者が増える現象。

13 **公助**…政府やそれに準ずる機関による、公的な支援。

重要語句

1 根強い　3 格差　5 反映　7 異例　10 普遍的　15 幻想　17 確保　17 機能

本文の展開

1【導入】……
日本では
古い家族観…家族を美化
◯
現実の家族…格差や分断

2 3【具体的説明】……
日本の家族に必要なこと

どんな家族でも（一人で生きていく場合でも）安心して、かつ尊重されて人生を送れるようにすること

→個々人の ① □ と ② □ を維持するためのモノやサービスの確保が必要

図 1　共働き等世帯数の推移（「令和 2 年版　男女共同参画白書」より）

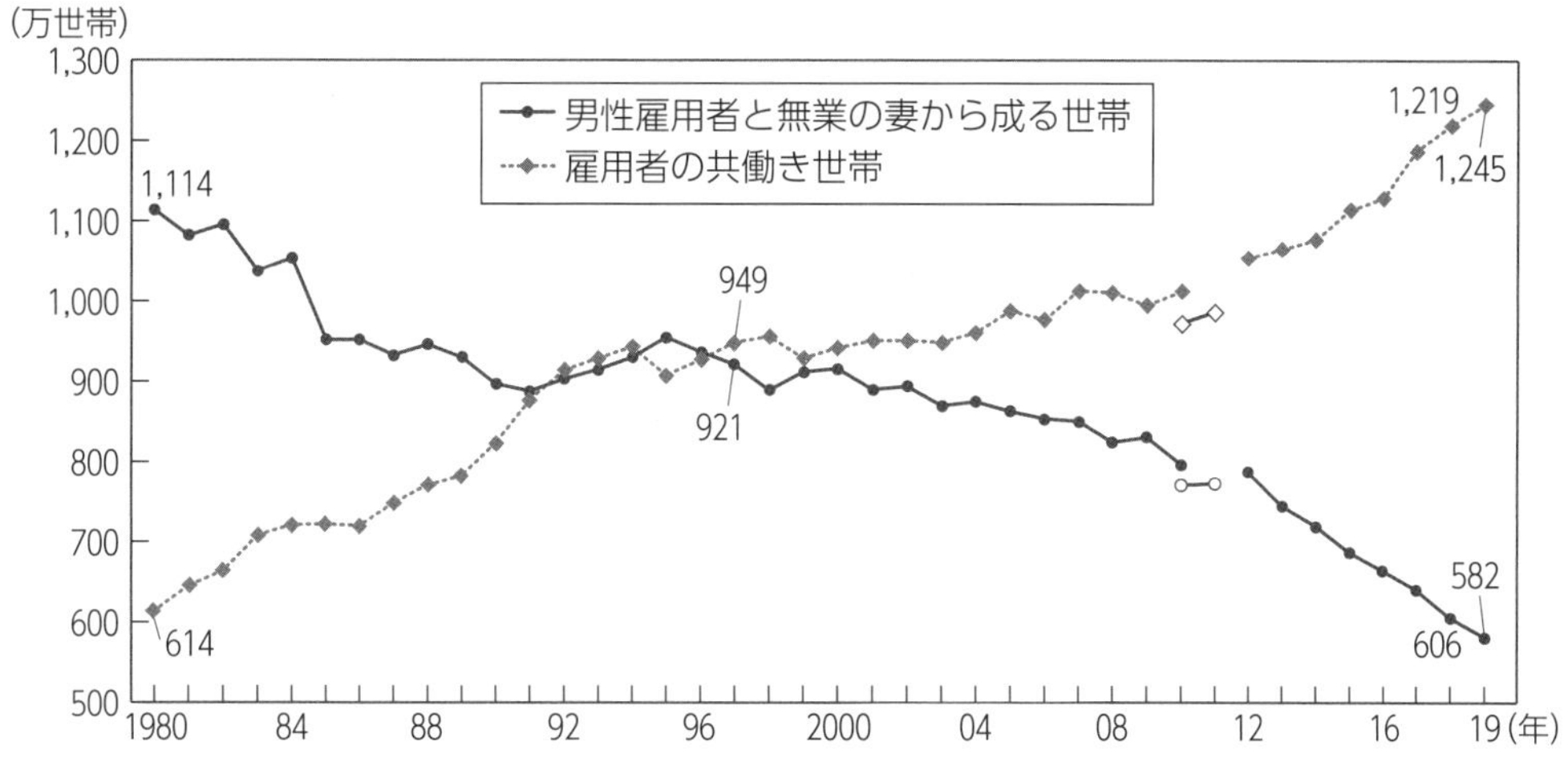

図 2　妻の就業時間別共働き世帯数の推移（「令和 2 年版　男女共同参画白書」より）

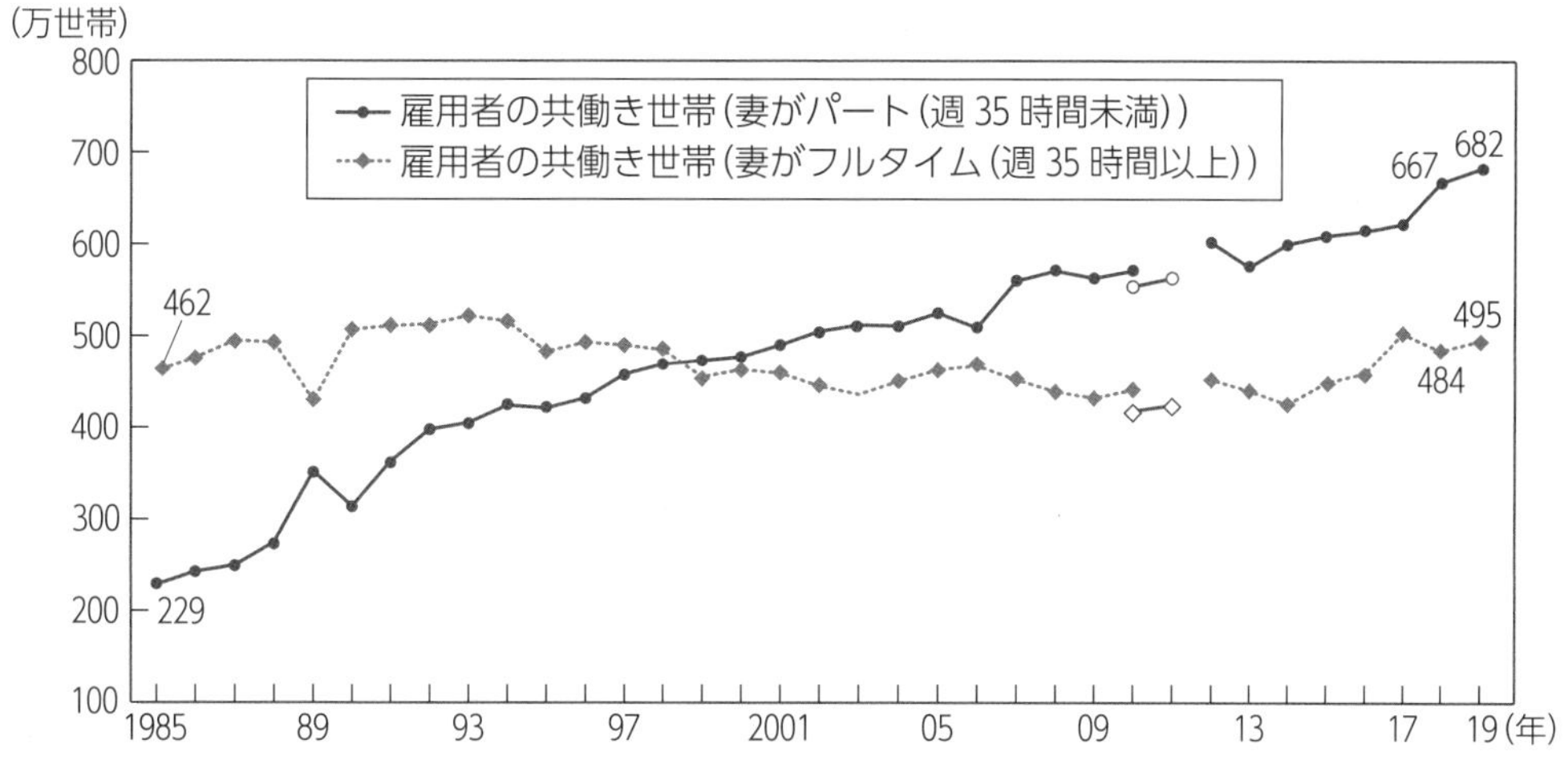

（備考）
1　「雇用者の共働き世帯」とは、夫婦共に非農林業雇用者（非正規の職員・従業員を含む）の世帯。
2　2010年及び2011年の値（白抜き表示）は、岩手県、宮城県及び福島県を除く全国の結果。

日本ではすでに
草の根的な試みが始まっている
⬅
政府にも「公助」を要求していく

4【結論】……………
まず命と生活を確保すること
⬅
互いに人格を認め合って関係を結ぶことができる、新しい「家族」像が立ち上がる

▼ 1　空欄①・②にあてはまる語句を本文中から抜き出せ。［2点×2］

▼ 2　◯にあてはまる記号を次から選べ。［4点］

ア　⬅（因果関係）
イ　⬄（対比関係）
ウ　＝（同義関係）
エ　＞（具体・抽象の関係）

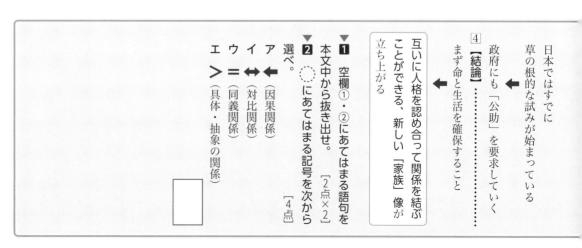

問一 漢字 傍線部㋐〜㋔のカタカナを漢字に改め、漢字には読みを示せ。〔2点×5〕

㋐ イチジルしい

㋑ ヨウイン

㋒ 尊重

㋓ ホショウ

㋔ シバりつける

問二 語句 波線部a「分断」と同じ構成の熟語を次から選べ。〔2点〕

ア 旅行　イ 高低　ウ 作文　エ 頭痛　オ 湿潤

問三 語句 波線部b「構造的な」c「草の根的な」の意味を次からそれぞれ選べ。〔2点×2〕

b
ア 形式を重視するような
イ 物事の仕組み・システムの
ウ 多くの地域にあてはまる
エ 解決の難しい

c
ア 環境に優しい
イ 広く活動が行われる
ウ 活動が少しずつ広がっていく
エ 一般の人々が行動を起こす

問四 内容 傍線部②を説明した次の文の［a］・［b］にあてはまる語句を、本文中からそれぞれ五字で抜き出せ。〔4点×2〕

日本では古い家族観が根強く、政府も家族に［a］を担わせようとする傾向にある一方で、現実の家族は厳しい状況に置かれており、さらに家族が人々の間に［b］をもたらしているということ。

a

b

問五 内容 傍線部③とあるが、ここでいう「新しい『家族』像」を築いていく上で必要なことは何か。次から二つ選べ。〔4点×2〕

ア 人々が互いに助け合いながら、政府の支援も求めていくこと。
イ 現在の家族観に満足せず、伝統的な「家族」を取り戻すこと。
ウ 政府の力に頼らず、自分たちの共助で「家族」を守り抜いていくこと。
エ 人とのつながりを重視し、機能的でない本当の絆を作っていくこと。
オ 個々人が互いを尊重し合って関係を築いていくこと。

問六 主題 図1・2は日本の共働き等世帯数の推移を示したグラフである。このグラフから、傍線部①の日本の「古い家族観」について、どのようなことが指摘できるか。次の文の空欄に合う形で、三十字以内で答えよ。〔10点〕

共働きの世帯数は増加しているが、［　　］。したがって、「男は仕事、女は家庭」という古い家族観が大きく変化したとは言えないだろう。

10 ドシラソファミレド

長野《ながの》まゆみ

▶ 本文を読む前に

知・技	/16
思・判・表	/34
合計	/50

目標解答時間 20分

[1] 芙美恵《ふみえ》の年老いた父は、母が亡くなった後、介護施設に入居していた。㋐師走が近い。介護施設のなかも、はやばやと金銀のモールや豆電球のイルミネーションで、クリスマスの飾りつけをしてあった。

[2] 芙美恵は昔、オルガンを習っていた。「メリーさんのひつじ」や「ロンドン橋落ちた」などの簡単な曲をどうやら弾けるぐらいのころ、クリスマスが近づいて「きよしこの夜」の練習をはじめた。

ある晩、仕事からもどった父が「おとうさんもクリスマスの曲を弾けるぞ。」と自慢そうに云《い》った。鍵盤などさわったこともないはずの人が――そのときもドの鍵盤を芙美恵に確認するほどだったのに――オルガンに向かった。

右手の人差し指だけで「もろびとこぞりて」のはじめの一小節を弾いたのだ。

たしかに「もろびとこぞりて」だった。①芙美恵はびっくりした。思いがけなかった。口のなかで歌詞にあわせて㋑ヒョウシをとりながらドシラソファミレドと弾けば「もろびとこぞりて」になるのだ。

その単純さと意外さに、芙美恵はよっぽど［ A ］、とびきりの笑顔を浮かべたのだろう。また、それを見て父もうれしかったのだろう。よろこびがあふれた。母がこしらえたチキングリルが、ａことのほかおいしかった。

[3] 同じ手は一度しか通じないのに、その後もクリスマスのたびに「おとうさんも弾けるぞ。」と去年のことを忘れ去ったかのように、父は何度でもくりかえした。芙美恵はあるとき②「それはもう知ってるよ。」と素っ気なく云い、ドシラソファミレドと自ら鍵盤をたたいて、つづきも弾き、父のささやかな楽しみを奪った。

なぜ、同じことをくりかえすのか不思議でならなかった。思春期にさしかかっていて、芙美恵は父をうっとうしくさえ思った。いつしかクリスマスの夜をいっしょに過ごすこともなくなった。

[4] あれから長い時が過ぎ、いまは芙美恵にも父を㋒労る気持ちがある。だが、彼女の職場は㋓サイマツが稼ぎどきで休みをとりにくい。クリスマスの直前になって、ようやく時間をみつけて施設に電話をかけた。職

重要語句

1 師走　1 イルミネーション
11 とびきり　15 素っ気ない
16 ささやか　30 たどる
35 口ずさむ

本文の展開

【現在1】
ある年の、師走が近いころの介護施設
クリスマスの飾りつけ

【回想1】 昔・クリスマスが近づいたある晩
父が右手の人差し指だけで「もろびとこぞりて」の一小節を弾く
⬇
芙美恵…びっくりした
父…①［　　　］
↓よろこびがあふれた

【回想2】 その後・クリスマスのたび
父…何度でもくりかえした
⬇
あるとき（思春期にさしかかる）
芙美恵…自ら鍵盤をたたいて、つづきも弾き、父の楽しみを奪った

員の人に、父を呼びだしてもらった。電話の向こうから「もろびとこぞりて」が聞こえてきた。施設でもクリスマスソングを流しているのだ。

けれども父はなにも反応しない。ボケてしまったのかと芙美恵は不安になり、「おとうさんの弾ける曲だね。」と[b]ほのめかしてみる。すると父は「ああ、だけど芙美恵のほうがうまいからな。」と遠慮がちな声で云った。

5 芙美恵は、やっと自覚した。父に弾かせずに、自分が最後まで弾いてしまったあのとき以来、父はもう「もろびとこぞりて」のことを口にしなくなっていたのだ。

父が弾く「もろびとこぞりて」をはじめて聞いたときの芙美恵が、どれほど輝く目をしていたのか、どのくらいとびきりの笑顔で父を見つめたのか、彼女は記憶をたどってそのときの表情を思いだそうとした。[③]いまの自分の顔は見たくなかった。

目が[オ]ウルんでくる。芙美恵はハンカチを取りだそうとして上着のポケットに手をいれた。プラスティックの星が出てきた。油性ペンでスマイルマークが描きたしてある。子どものときの彼女のいたずら描きだ。小さなしあわせで、いっぱいだった。

ドシラソファミレド。[④]芙美恵は電話に向かい父に聞こえるように口ずさんだ。

- なぜ、同じことをくりかえすのか不思議でならなかった
- うっとうしくさえ思った

【現在2】……長い時が過ぎた現在

芙美恵…いまは父を労る気持ち
施設の父に電話をかけた
↓
電話の向こうから「もろびとこぞりて」が聞こえてきた
↓
父…なにも [②] しない

【現在3】……

芙美恵…やっと自覚した
父はあのとき以来、「もろびとこぞりて」のことを口にしない
↓
父が弾く「もろびとこぞりて」をはじめて聞いたときの自分のとびきりの笑顔を思いだそうとする
いまの自分の顔は見たくない
↓
電話に向かい父に聞こえるように「ドシラソファミレド。」と口ずさんだ

問一 **漢字** 傍線部㋐〜㋔のカタカナを漢字に改め、漢字には読みを示せ。［2点×5］

㋐ **師走**

㋑ **ヒョウシ**

㋒ **労る**

㋓ **サイマツ**

㋔ **ウルんで**

問二 **語句** 波線部a「ことのほか」、b「ほのめかす」の意味を次からそれぞれ選べ。［3点×2］

a
ア いつもよりも
イ たいそう
ウ 少しばかり
エ 驚くほど

b
ア それとなく示す
イ はっきりと言う
ウ 様子をうかがう
エ 誘いかける

問三 **文脈** 空欄Aに入る語句を次から選べ。［3点］

ア 目を輝かせ
イ 目を回して
ウ 目を疑って
エ 目を細くして

問四 **内容** 傍線部①とあるが、芙美恵はどのようなことに驚いたのか。次の文の空欄にあてはまる語句を本文中から七字で抜き出せ。［4点］

指一本で曲を弾いてしまえることの□。

問五 **内容** 傍線部②とあるが、このときの芙美恵の「父」に対する気持ちを本文中の語句を使って三十字以内で答えよ。［7点］

▼**1** 空欄①・②にあてはまる語句を本文中から抜き出せ。［3点×2］

▼**2** 本文を右のように三つの場面に区切るとき、適当な分け方を次から選べ。［3点］

ア 1 2 3／4／5
イ 1 2／3／4 5
ウ 1 2／3 4／5
エ 1／2 3／4 5

問六 **理由** 傍線部③とあるが、それはなぜか。次の文の空欄にあてはまる語句を、本文中から十四字で抜き出せ。［5点］

□ことに無関心でいた自分を責めているから。

問七 **主題** 傍線部④とあるが、このときの芙美恵の気持ちとして適当なものを次から選べ。［6点］

ア 無邪気に人を驚かせて喜んでいた父への好意。
イ 幼い自分を喜ばせようとしてくれた父への感謝。
ウ 楽しかった記憶を失ってしまった父への哀れみ。
エ 互いに心が離ればなれになってしまった父への謝罪。
オ 自分を常に幸せな気持ちにしてくれた父への思慕。

11 ひとを理解するということ

鷲《わし》田《だ》清一《きよかず》

1 わかる、理解するというのは、感情の一致、意見の一致を見るというのではないということ。むしろ同じことに直面しても、ああこの人はこんなふうに感じるのかというように、自他の間の(ア)差異を深く、そして(イ)ビサイに思い知らされることだということ。言い換えると、他人の想いに触れて、それを自分の理解の枠に収めようとしないということ、そのことで人は①「他者」としての他者の存在に接することができる。

2 ということは、他者の理解においては、②同じ想いになることではなく、自分にはとても了解しがたいその想いを、否定するのではなくそれでも了解しようと想うこと、つまりわかろうとする姿勢が大事だということである。そして相手には、そのなんとかわかろうとしていることこそが伝わるのだ。つまり、言葉を受け取ってくれた、という感触のほうが、主張を受け入れてくれることよりも意味が大きいのである。

3 実際、人には、それが自分にとって重大であればあるほど「わかられてたまるか。」という想いがある。大事なことをかろうじてぽつりぽつりと口にしたときに、「その気持ち、わかります。」などと言われれば、[A]「何がわかったの？」と言ってしまいもする。あるいは逆に、聞く側からすれば、ここでわからないといけないのだろうけれど、それでもどうしてもわかりたくないという[a]シチュエーションもある。(ウ)シンケンに聞こうとすればするほど、そういうことは起こりがちである。もっとややこしいのは、ひとの話を聞くとき、相手が「わかってもらえてうれしい。」と言ってくれたときでさえも、自分は本当にこの人のことがわかっているのか、どうしてもわからない、わかったという感触がない……などと[B]納得がいかないものなのに、自分が聞いてもらうときにはなぜか、ああ、わかってもらえたという確信のようなものが、しっかり生まれるものである。③この非対称はとても不思議だ。

4 このように見てくると、理解するとは、合意とか(エ)合一といった実質を(オ)トモナうものではなく、わからないままに身をさらしあうプロセスなのではないかと思えてくる。一致よりも不一致、それを思い知ることこそが、理解においては重要な意味を持つのである。

▶ 本文を読む前に

重要語句

2 差異　10 かろうじて　13 ややこしい　17 非対称　18 合意　18 合一　18 実質　19 プロセス

知・技 /13

思・判・表 /37

合計 /50

目標解答時間 15分

本文の展開

1 「わかる」・「理解」するということ
＝「①［　　　　］」を思い知らされること

2 他者の理解
● わかろうとする姿勢
● 言葉を受け取ってくれた感触
→ 大切

3
相手の話を聞くとき：相手（話し手）↔自分（聞き手）　わかってもらえてうれしい　わかった感触がない

非対称 ↔

話を聞いてもらうとき：相手（聞き手）↔自分（話し手）　わかってもらえた確信

問一 漢字 傍線部㋐〜㋔のカタカナを漢字に改め、漢字には読みを示せ。［2点×5］

㋐ **差異**

㋑ **ビサイ**

㋒ **シンケン**

㋓ **合一**

㋔ **トモナう**

問二 語句 波線部a「シチュエーション」の意味を次から選べ。［3点］

ア 状況
イ 世代
ウ 人間関係
エ 感情

問三 文脈 空欄A・Bに入る語句を次からそれぞれ選べ。［2点×2］

ア しばしば　イ なかなか
ウ なるほど　エ かえって

A　B

問四 内容 傍線部①とはどういうことか。適当なものを次から選べ。［6点］

ア 自分の想像の範囲に入っている他者。
イ わかり合うことができる部分がある他者。
ウ 自分とはあくまでも異なる個性を持つ他者。
エ 言葉を受け止められれば満足する他者。
オ 理解されることを望んでいない他者。

問五 内容 傍線部②を言い換えた部分を、[2]段落中から十五字以内で抜き出せ。［6点］

問六 内容 傍線部③を説明した次の文の［a］・［b］にあてはまる語句を、aは二字、bは八字で本文中から抜き出せ。［3点×2］

自分には相手を十分に理解した［a］がないのに、自分は相手にわかってもらえた［b］を感じること。

a　b

問七 主題 本文の内容と一致するものを次から選べ。［6点］

ア 相手を理解するには、意見の一致を目ざすことが大切である。
イ 理解するとは、自分と他者の違いを認めることである。
ウ 他者の理解は不可能なので、見せかけだけで十分である。
エ 重大なことは人に理解されないというあきらめが必要である。
オ 理解できた感触がないときほど、本当は理解できている。

[4] **理解する**＝わからないままに身をさらしあうプロセス
↓
「②［　］」を思い知ることが重要

▼**1** 空欄①・②にあてはまる語句を本文中から抜き出せ。［3点×2］

▼**2** 本文の論展開の説明として適当なものを次から選べ。［3点］

ア 問題提起―主張―主張の具体例―結論
イ 主張―理由の提示―反対意見への反論―主張の再提示
ウ 現状の提示―現状の分析―過去との比較―結論
エ 問題提起―具体例の分析―結論―補論

12 文学は役に立つか

中村邦生《なかむらくにお》

▶本文を読む前に

1 文学は実生活で役に立たないという、いささか荒っぽい通念があります。いちいち相手にするほどの考え方ではありませんが、文学の入口の話をするとなれば、やはり少し触れておきたいと思います。たしかに文学は現実の生活ではとり立てて多くの(ア)リエキを生むものではありませんから、市場の現実的価値というレベルだけで見れば、たしかに①それは否定できないことでしょう。

2 でも、そのような見方って、何か変だなって、違和感がありませんか？　あまりにも単純な考え方をしている気がして。

3 結論から先に言ってしまえば、文学というものは、②そのような問題の前提そのものを疑うのです。つまり、〈役に立つ／役に立たない〉という二つの区分が絶対的に存在しているような発想って本当なのだろうか？　「そもそも、そのような分け方っておかしくない？」と問題設定の(イ)ユウコウ性を疑います。問題の前提そのものを突き(ウ)クズすわけです。役に立つとか立たないとか、そうした(エ)ランザツな分け方をする発想がいかにa浅薄なものであるか、文学はフィクションつまりb虚構の言語によって、新たな現実をつきつけるのです。

4 世の中に流通している価値観への疑念と言ってもよいかもしれません。わかりやすいのは、たとえば善と悪みたいなものでしょうか。文学は何が善で何が悪なのか、モラルの判断を示すこともありますが、たいていそうした作品はおもしろくない。世の中の常識や社会通念では、悪となっているけど、本当にそうだろうか、あるいは皆が当然のように善と考えているけど、何か変だな、むしろ悪とか善とか、そういう決めつけ方こそ問題がありそうだなといったように、文学が描き出そうとするのは善と悪の単純な(オ)コウズをこえた向こうがわ、ニーチェの本の題名を使えば③〈善悪の彼岸〉とでもなりますか。

5 ですから、文学とは日常の当たり前に思える発想を揺さぶる［A］なものでもあります。楽しいものであるけれど、場合によっては日常を裂く破壊的要素を隠し持っていることがあります。そうしたことが丸ごとおもしろいのです。

18 ニーチェ…一八四四〜一九〇〇年。ドイツの哲学者。

重要語句
1 いささか　13 価値観　14 モラル　18 彼岸

本文の展開

1 2 文学は役に立たないという通念
↓否定できない ⟷ 違和感のある見方ではないか

3 4 ●文学
・物事を役に立つか立たないかで区分するという発想自体を疑う
・悪とか善とか、そういう決めつけ方こそ問題がありそうだと考える
→世の中の［①］や社会通念

5 文学のおもしろさ
・日常の当たり前に思える発想を揺さぶる
・日常を裂く［②］な要素を隠し持っていることがある

知・技　/16
思・判・表　/34
合計　/50
目標解答時間 15分

問一 漢字 傍線部㋐～㋔のカタカナを漢字に改めよ。［2点×5］

㋐ リエキ

㋑ ユウコウ

㋒ 突きクズす

㋓ ランザツ

㋔ コウズ

問二 語句 波線部a「浅薄な」b「虚構」の意味を次からそれぞれ選べ。［3点×2］

a
ア あきらかな
イ あさはかな
ウ 大げさな
エ ふまじめな

b
ア 表面を飾り立てたもの
イ 巧みに表現したもの
ウ 詳しく説明したもの
エ 想像でつくりあげたもの

問三 指示 傍線部①とはどういうことをさしているか。解答欄に合うように本文中から十三字で抜き出せ。［5点］

という考え方。

問四 内容 傍線部②とはどういうことか。適当なものを次から選べ。［5点］

ア 役に立つか立たないかという区分自体を疑うこと。
イ 「役に立つ」という概念自体の意味を疑うこと。
ウ 役に立たないものを否定する価値観を疑うこと。
エ 何が役に立つのかという判断の基準を疑うこと。
オ 文学は役に立たないものだとする意見を疑うこと。

問五 内容 傍線部③とはどういうことか。次の文の空欄に合うように、これより前の部分から十三字で抜き出せ。［5点］

何が悪で何が善であるというような□をこえた、物事を単純に決めつけることのできない世界のこと。

問六 文脈 空欄Aに入る語を次から選べ。［4点］

ア 高等　イ 不穏　ウ 快適　エ 低俗

問七 主題 筆者は、文学のおもしろさとはどのような点にあると述べているか。適当なものを次から選べ。［6点］

ア 常識や社会通念を揺るがすような問題を投げかけうる点。
イ 現実からかけ離れた世界を虚構の言語で描き出す点。
ウ 世の中の価値観や社会通念を完全に否定するものである点。
エ あえて市場の現実的価値が低い作品が作られている点。
オ 善と悪とが逆になった不条理な世界を描くものである点。

▼1 空欄①・②にあてはまる語句を本文中から抜き出せ。［3点×2］

▼2 本文の論展開の説明として適当なものを次から選べ。［3点］

ア 問題提起－主張－補論
イ 問題提起－具体例の分析－結論
ウ 主張－理由の提示－主張の再提示
エ 現状の提示－現状の分析－結論

13

風景と人の心

沢田允茂《さわだのぶしげ》

1 人間の(ア)シセンを規準にして私たちに見えている風景の中で、山は常に人間よりも高い地続きの場所を占めている。したがって、山は人間の(イ)コウサクの努力で人間に役立つものに変えられるようなものではなくて、①人間の自由にならない場所として見えるのは当然であろう。その場所に、人間は昔から恐れや崇拝、希望や不気味さ、といった複雑な、しかし関連し合った感情で目を向けてきた。そして②このような感情に合うような物や出来事が主人公となったいろいろな物語を想像し、その存在を信じてきた。そしてこれらの物語が平地に住む人間の日常生活の風景の一部となって、人間の生活に独特な形をつくりあげることにつながっていったのである。それは同じ人間生活を取り(ウ)マく風景の中の、他の風景とは異なった意味を持っている。周りに人間や人間の生活に必要なものだけしか見えない町の中の風景、あるいはそこから少し(エ)ハナれた林や森の中の風景、食物を作るコウサク地の中に立つ風景、あるいは海辺に立つ風景、外部から遮断された空間の中に親しい家族とともにいるときの風景……等々、人間の生活の風景の中には、何か基本的ないくつかの違った風景のタイプがあると思われる。そして人間の心の中身を分析してみると、それはこれらの違ったタイプの風景のもとでどう行動し生活するかということの(a)青写真のようなものだ、と言うこともできるだろう。③町の中に住み、そこで人間相手に商いをしている人々の風景は、人気の少ない土地で農耕している人々の風景とは異なるはずである。

2 しかしどちらの人の風景にも、そのどこかにこれらとは別の他の風景がなんらかの比重で見えているはずである。山の近くで農作物を作っている人に現れる山の風景の持つ意味は、町の中で人とばかり交渉して生きている人の風景の端に、ちらと見えている山の風景とは同じではないかもしれない。(オ)ゲンミツに言うならば、すべての人はそれぞれ自分に特有な（基本的な風景の違った組み合わせからなる）生活の風景を持っており、それがその人の心の中身だと言うこともできる。このような生活の風景を土台として、人間はさらにその上に④言語的思考で作り出した別の風景を重ね合わせて持っている。これが人々の心のより広い中身となっているのであろう。これらの中で山の風景は人間の(b)普遍的で、かつ基本的な風景の一つだ、と言うことができる。

▶ 本文を読む前に

知・技	思・判・表	合計
/16	/34	/50

目標解答時間 15分

重要語句

5 物語
15 比重
16 交渉

本文の展開

1 【本論】……

山の風景
人間の自由にならない場所
← 複雑な感情で眺め、物語を想像する
← ［　①　］が日常生活の風景の一部となり、独特な形をつくりあげる

↔ 対比

人間の生活の風景
→ 基本的ないくつかの違ったタイプがある

＝ 人間の心の中身
（　　）
違ったタイプの風景のもとで行動し生活するための青写真

2 【結論】…… 人間の持つ風景

問一 漢字 傍線部㋐〜㋔のカタカナを漢字に改めよ。［2点×5］

㋐ **シセン**
㋑ **コウサク**
㋒ 取り**マ**く
㋓ **ハナ**れた
㋔ **ゲンミツ**

問二 語句 波線部a「青写真」b「普遍的」の意味を次からそれぞれ選べ。［3点×2］

a
ア 心の中の見えない思い
イ おおよその計画
ウ 不安が感じられる対策
エ 公的援助のもとでの準備

b
ア ごく一部にあてはまるさま
イ 昔から変わらないさま
ウ 広く全体に共通するさま
エ 常に移り変わっていくさま

問三 理由 傍線部①とあるが、山がそう見えるのはなぜか。その理由を解答欄に合う形で本文中から二十一字で抜き出せ。［5点］

から。

問四 内容 傍線部②を具体的に表すものとして適当でないものを次から選べ。［3点］

ア 怪談　イ 伝説
ウ 昔話　エ 伝記

問五 内容 傍線部③で言われている「人々の風景」を別の語で言い換えたものを、同じ段落から七字で抜き出せ。［6点］

問六 内容 傍線部④とあるが、これについて説明したものとして適当なものを次から選べ。［5点］

ア 農家や商家などを守るために伝えられてきた秘伝。
イ それぞれの土地を構成してきた開拓や戦闘の歴史物語。
ウ 各自の生活を土台として物語を語ることで描かれた風景。
エ 人々の複雑な感情を背景に土地の言葉で書かれた物語。
オ 土地の人々が口承で伝えた昔話の中で描写された風景。

問七 主題 本文を通して筆者が言いたいことは何か。適当なものを次から選べ。［6点］

ア 人間は目に見える日常生活の風景以上に豊かな風景を、心の中に持っている。
イ 人間にはさまざまな人生観があり、人はそれに沿って生きていくものである。
ウ 山が高いゆえに人々はさまざまなイメージを膨らませて眺め、感慨にふけるものである。
エ 各自の心の中には、他人には見えない特有な風景が備わっているものである。
オ さまざまな風景を併せ持つ人間の中で、山の風景は普遍的かつ基本的なものとして存在する。

・基本的な風景の組み合わせからなる、各自に特有な生活の風景
・言語的思考で作り出した風景

基本的な風景の一つ
山の風景…人間の②□的、

▼1 空欄①・②にあてはまる語句を本文中から抜き出せ。［3点×2］

▼2 ◯にあてはまる記号を次から選べ。［3点］

ア ⬅（因果関係）
イ ⬌（対比関係）
ウ ＝（同義関係）

14 コトバと知識

外《と》山《やま》滋《しげ》比《ひ》古《こ》

▶ 本文を読む前に

われわれはコトバを手がかりにしてものごとを記憶する。ものごとを忘れる場合、忘れているのはそれを表すコトバであることが多い。

1 コトバがものごとと不離一体であるならば、コトバを忘れることはものごとそのものを忘れることにもなろうが、コトバとそれが表すものごとは分離可能な関係にある。したがってコトバは忘れても内容は忘れていないことがありうる。ただ、その内容をとらえて動かす(ア)シュダンであるコトバが忘れられていると、思い出そうとしても出てこない。結果としては、内容も忘れられたと同じようなことになるが、しかし、①これは忘れられたのとは区別して考えなくてはならない。

2 人間の頭は一見、(イ)ザツゼンといろいろの知識経験を盛り込んだ大きな書物のようなところがある。コトバという索引がないと、②本文の中から求めるものをさがし出して来ることができない。忘れるとはこの索引の失われることである。しかし、本文が同時に消失するとは限らない。もっとも、せっかくの本文も、索引がなくては利用できず、［ A ］のようになる。記憶が(ウ)ソンチョウされるのは当然だと言ってよい。

3 しかし、逆にこういうことも考えられる。③記憶がよくて、すべてのことを覚えていて、インデックスの(エ)カンビした本のような頭をもった人は、どうしても索引によってしか内容にふれられないきらい[a]がある。もし、索引がどんどん消失してしまえば、直接本文に接するほかはなくなる。経験や知識のナマの姿にふれることが真の経験理解に資するのならば、索引によっているより、索引を失った方がかえってよいということになる。

4 こう考えてくると、コトバは知識や経験をわれわれの頭の中へ運びこむのには不可欠の道具であるが、いったん頭に入ってしまったら、もうそのコトバはご(オ)ヨウズみである。忘れても差し支えない。もちろん、インデックスとして残しておけば他日参照、すなわち、思い出す手がかりになって便利ではある。しかし、それが、われわれと本文との関係を間接的なものにするのだったら、かえってない方がよい。忘れた方がよいのである。

知・技	/16
思・判・表	/34
合計	/50

目標解答時間 15分

11 **インデックス**…索引。

13 **経験や知識のナマの姿にふれること**…ここでは、コトバを介さずにものごとを理解すること。

重要語句

1 不離一体　14 資する

本文の展開

1 2 【序論】……

コトバ ↔ それが表すものごと
［ ① ］可能な関係

↓コトバは忘れても内容は忘れていないことがありうる

⬅ しかし

コトバという［ ② ］がないと**求める知識や経験**をさがし出すことができない

3 【本論】……

すべてのことを覚えている人

↓コトバによってしか経験や知識にふれられなくなってしまう

⬅

コトバを忘れた方が、かえって**真の経験理解**につながる

5 忘れてしまえば、コトバという掩蔽《えんぺい》(b)にさまたげられないで、ものごとに直接にふれることができるかもしれない。これこそ本当に生きることである。

問一 漢字 傍線部㋐〜㋔のカタカナを漢字に改めよ。［2点×5］

㋐ シュダン
㋑ ザツゼン
㋒ ソンチョウ
㋓ カンビ
㋔ ごヨウズみ

問二 語句 波線部a「きらい」b「掩蔽」の意味を次からそれぞれ選べ。［3点×2］

a **ア** 傾向 **イ** 弊害 **ウ** 恐れ **エ** 失敗

b **ア** 害のあるもの **イ** 覆い隠すもの **ウ** 手がかりになるもの **エ** 難解なもの

問三 指示 傍線部①とはどういうことをさしているか。本文中から十九字で抜き出し、初めと終わりの五字を答えよ。［5点］

〜

問四 内容 傍線部②とは何のたとえか。本文中から九字で抜き出せ。［5点］

問五 文脈 空欄Aに入る語を次から選べ。［3点］

ア 猫に小判 **イ** 月夜に提灯 **ウ** 絵に描いた餅 **エ** 宝のもちぐされ

問六 内容 傍線部③とあるが、筆者はこのような人にはどのような傾向があると考えているか。次の文の[a]・[b]にあてはまる語句を、aは三字、bは十字で本文中から抜き出せ。［3点×2］

[a]による理解に依存しすぎることで、[b]にふれなくなる傾向。

a
b

問七 主題 筆者の主張していることとして適当なものを次から選べ。［6点］

ア 真の理解をさまたげるコトバに頼ることなく知識や経験を取り入れるべきである。
イ 頭の中の知識や経験にふれられるよう、索引としてのコトバは絶対に忘れてはならない。
ウ 頭に入ったコトバやそれが表す知識・経験を忘れることで、より深い理解に近づける。
エ ものごとを真に理解するためには、コトバと知識・経験を別々に覚えておく必要がある。
オ 頭の中の知識や経験に直接ふれるためには、コトバは忘れた方がよい。

4 5 **【結論】**……………………

コトバの役割
・知識や経験を頭に入れるには不可欠
・われわれと知識・経験との関係を**間接的**にする
→忘れることで、かえって**ものごとに直接ふれる**ことができる

▼**1** 空欄①・②にあてはまる語句を本文中から抜き出せ。［3点×2］

▼**2** 本文を内容から二つに分けるとき、適当な区切れ目を次から選べ。［3点］

ア 1と2の間
イ 2と3の間
ウ 3と4の間
エ 4と5の間

15 ピスタチオ

梨木香歩《なしきかほ》

▶ 本文を読む前に

棚《たな》は大学に勤める連れ合いの鐘二《しょうじ》に、同じ大学の附属病院で飼い犬の手術を優先してもらえないか訊《き》いてみた。

1 ――附属動物病院か。なら農学部だね。でも動物病院には知り合いはいないなあ。

鐘二は棚からの電話に、そう言ってしばらく①口ごもった後、

――けど、まあ、ちょっと訊いてみるよ。

低い声だった。嫌がっているのでもなく、喜んでいるのでもなかった。一㋐メンシキもない相手に、職場が同じという立場を利用して、［　A　］ように㋑頼んでくれというのだから、気も重くなるだろう、と棚は申し訳なく思った。

――ごめんなさいね。こんなこと……。

と言って、②棚は後に続く言葉を呑《の》み込んだ。

――こんなこと？　何？

――いえ、何でもない。嫌でしょう、こんなこと。

――仕方がないさ。君は間違っていないよ。ペットとはいえ家族同様の存在の命にかかわることだから、自分の持ち札すべて使おうっていうのは、人間として当然のことさ。じゃあ、ちょっと待ってて。また電話する。

持ち札、か。電話を切った後、棚は心の中で呟《つぶや》いた。さっき、棚がa言い淀《よど》んだ言葉、こんなこと、という言葉のあとで続くはずの言葉は、③「フェアじゃないわね」だった。

2 フェアなんて概念は、白色人種が発明した、㋒カレら同士の間でのみ㋓ユウコウなカードのようなものさ。そう棚に言ったのは、誰だったか、今では定かではない。けれど私たちが他人と共存していこうとするとき、理想として掲げるべき言葉の一つには違いないでしょう、と若かった棚は言い返した。まだアフリカへ行く前のことだ。

3 「フェアじゃない」それは、アフリカ滞在中、ずっと棚の中でくすぶっていた感情だった。見聞きするさまざまなb理不尽は、突き㋔ツめてこの一言に収斂《しゅうれん》されていく。

「けれどその、アンフェアネスそのものが、多様性を生み出しているんだ」。この言葉を言ったのが誰だったかは覚えている。片山海里《かたやまかいり》だ。そのときは、それを「多様性」と呼ぶ学者のいやらしさを感じたものだったが。

重要語句

12 持ち札　14 フェア　15 概念　16 共存　18 くすぶる　19 収斂　20 アンフェアネス　20 多様性

知・技	/14
思・判・表	/36
合計	/50

目標解答時間 15分

本文の展開

1 棚 …附属動物病院への口利きを依頼 ＝ ［ ① ］じゃない

← 鐘二 …「仕方がないさ。」

家族同様の存在の命にかかわること ＝ 持ち札すべて使おうとするのは、人間として当然

2 棚 フェアという概念

［他人と共存→理想として掲げるべき言葉の一つ］

問一 **漢字** 傍線部㋐〜㋔のカタカナを漢字に改め、漢字には読みを示せ。［2点×5］

㋐ **メンシキ**

㋑ **頼**んで

㋒ **カレ**

㋓ **ユウコウ**

㋔ 突き**ツ**めて

問二 **語句** 波線部a「言い淀む」b「理不尽」の意味を次からそれぞれ選べ。［2点×2］

a
ア 口の中で小さく呟く
イ 言いかけてためらう
ウ すらすらと口に出す
エ いやいや言い続ける

b
ア とても興味深いこと
イ うまくいかないこと
ウ おもしろくないこと
エ 道理に合わないこと

問三 **文脈** 空欄Aに入る語句を次から選べ。［3点］

ア 努力を強いる　**イ** 便利に使う
ウ 便宜を図る　**エ** 横槍《やり》を入れる

問四 **内容** 傍線部①とあるが、このときの鐘二はどのような様子か。適当なものを次から選べ。［5点］

ア 棚が気にしないようさりげなく振る舞う様子。
イ 棚の役に立ててうれしい気持ちを隠す様子。
ウ 棚の願いを断り切れずに困っている様子。
エ ずるいことをするようで気がとがめる様子。
オ 知らない相手との交渉に気が進まない様子。

問五 **理由** 傍線部②とあるが、棚が言葉を呑み込んだのはなぜか。適当なものを次から選べ。［5点］

ア 今はフェアネスには目をつぶろうと決めたから。
イ 鐘二にはこの違和感はわかるまいと思ったから。
ウ 鐘二を利用していることが後ろめたかったから。
エ 鐘二に借りを作るようで気が重くなったから。
オ 嫌なことを頼んでしまい、心苦しかったから。

問六 **内容** 棚の行為に対し、鐘二はどのように考えているか。本文中から四十九字で抜き出し、初めと終わりの五字を答えよ。［6点］

〜

問七 **主題** 傍線部③とあるが、鐘二に頼み事をしたことに対する棚自身の気持ちを、「フェア」という語句を用いて四十字以内で答えよ。［8点］

3 **「フェアじゃない」**

- **棚の中でこの感情がくすぶっていた**
- アフリカで見聞きするさまざまな ② **がこの一言に収斂**
- 以前は、「アンフェアネスが多様性を生む」という言葉にいやらしさを感じた

▼**1** **空欄①・②にあてはまる語句を本文中から抜き出せ。**［3点×2］

▼**2** **各段落を時系列順に並べたとき、適当な順序を次から選べ。**［3点］

ア 3→2→1
イ 2→3→1
ウ 2→1→3
エ 3→1→2

16 音楽の聴き方

岡田暁生《おかだあけお》

1 おもしろいことに、音楽家たちが日常的な音楽の現場で用いる言葉は、少なくとも私の知る限り、総じて砕けていて端的であり、感覚的で生々しい。①観念的な表現——たとえば一昔前のクラシック批評でしばしば見かけた「精神性」とか「宗教的」といった——を、当の音楽家たちはまず使わない。それどころか彼らは、身体的実感が伴わない物言いを、何より㋐軽蔑する。「音楽家を納得させる語彙」の第一条件は、形而上学的でないこと、［A］身体的であることだという印象がある。

2 この意味で興味深いのが、右にあげたようなリハーサル映像で指揮者たちが使っている言葉の性質である。彼らが練習で用いる語彙は、②明確にいくつかのカテゴリーに分類することができる。一つは「もっと大きく」とか「ここからクレッシェンドして」といった［B］。二つめは「ワイン・グラスで乾杯する様子を思い描いて」といった［C］な比喩。そして三つめが、音楽の内部関連ならびに外部関連についての説明。内部関連とは「ここはハ長調だ」とか「再現部はここから始まる」といった音楽構造に関するもの。外部関連とは作品の歴史的文化的な背景についての説明などである。どれも「音楽を語る言葉」としてポピュラーなものだ。［D］私が何より注意を㋑促したいのは四つめの語彙、つまり身体感覚に関わる③彼らの独特の比喩の使い方である。

3 リハーサル映像などを見ていて気づくのは、彼らが時として（あるいは㋒ヒンパンに）、それを耳にした途端こちらの身体の奥に特定の感覚が湧き上がってくるような、一風変わった喩えを口にすることである。いわく「四〇度くらいの熱で、ヴィブラートを思い切りかけて」（ムラヴィンスキー）、「いきなり握手するのではなく、まず相手の㋓産毛に触れてから肌に到達する感じで」（クライバー）、「おしゃべりな婆さんたちが口論している調子で」（チェリビダッケ）等々。

4 それまで単なる抽象的な音構造としか見えなかったものが、これらの言葉がそこに重ねられるやいなや㋔トツジョとして受肉される。体温を帯びた生身の肉体の生きた身振りとなるのである。

本文を読む前に

10 **再現部**…ソナタ形式の楽曲において、主に三番目に演奏される部分。

20 **受肉**…宗教用語で、神が人の形をとって現れること。

重要語句

2 端的　2 批評　4 軽蔑　7 カテゴリー　12 ポピュラー　19 抽象的

知・技	/14
思・判・表	/36
合計	/50

目標解答時間 15分

本文の展開

1 音楽家たちが音楽の現場で用いる言葉
＝観念的・形而上学的表現を使わない
→ ●砕けていて端的、感覚的で生々しい
●［①　　］である

2 指揮者が使う語彙＝音楽を語る言葉
筆者が注意を促したい語彙

3 身体感覚に関わる独特の比喩
耳にした途端、身体の奥に特定の感覚が湧き上がってくるような喩え

問一 **漢字** 傍線部㋐〜㋔のカタカナを漢字に改め、漢字には読みを示せ。〔2点×5〕

㋐ **軽蔑**
㋑ **促**し
㋒ **ヒンパン**
㋓ **産毛**
㋔ **トツジョ**

問二 **語句** 傍線部①「観念的」と同じ意味を表す語句を本文中から五字で抜き出せ。〔4点〕

問三 **文脈** 空欄A・Dに入る語句を次からそれぞれ選べ。〔2点×2〕

ア だが
イ しかも
ウ つまり
エ なるほど

A　D

問四 **文脈** 空欄B・Cに入る語句を次からそれぞれ選べ。〔3点×2〕

ア 感覚的指示　**イ** 専門的指示
ウ 直接的指示　**エ** 詩的絵画的
オ 知的創造的　**カ** 心的観念的

B　C

問五 **内容** 傍線部②とあるが、次の指揮者の指示は、四つのカテゴリーのうちのいずれにあてはまるか。その番号を答えよ。〔4点〕

スメタナ《モルダウ》の「狩りの音楽」について、「ここではもっと喜びを爆発させて、ただし狩人ではなく猟犬の歓喜を」という指示。

番目

問六 **内容** 傍線部③とはどういった性質のものか。本文中から三十五字以内で抜き出し、初めと終わりの五字を答えよ。〔6点〕

～

問七 **主題** 指揮者が「独特の比喩」を用いることによって、音楽がどのように捉えられるようになるのか。次の文の空欄に合う形で、三十字以内で答えよ。〔7点〕

単なる抽象的な音構造としか見えなかったものが、

4

② な音構造としか見えなかったもの ← 「生きた音楽」となる。

▼**1** **空欄①・②にあてはまる語句を本文中から抜き出せ。**〔3点×2〕

▼**2** **本文の論展開の説明として適当なものを次から選べ。**〔3点〕

ア 問題提起―具体例の分析―問題の抽象化―結論
イ 主張―理由の提示―主張を補強するエピソード―主張の再提示
ウ 話題の提示―現状の分析―結論―補論
エ 問題提起―主張の前提説明―主張―結論

17 日本語の美

中村《なかむら》 明《あきら》

1 文章にとって何よりも大事なのは、すぐれた内容としてそのまま相手に伝わることである。したがって、いい文章には「いい内容」と「①いい表現」という二つの側面がある。

2 どれほど凝(ア)った多彩な表現が繰り広げられても、そのオク(イ)にある内容がつまらなければ、文章全体として価値が低い。それでは、②いい内容はどのようにして生まれるのだろうか。すぐれた内容を生み出す特定の手段のようなものは考えられない。ａ小手先の技術といったものは役に立たない。自己を取り巻いて果てしなく広がる世界のどこをどう切り取るか、それをどこまでよく見、よく考え、よく味わうか、そういうほとんどその人間の生き方とも言えるものがそこにかかわっているからである。豊かな内容は深く生きることをとおして自然に湧(ウ)き出るのだろう。

3 ［ A ］、どれほどすぐれた思考内容が頭のなかにあったとしても、それが直接人の心を打つことはできない。いい内容がいい表現の形で実現し、いい文章になる。逆に言えば、すぐれたことばの姿をとおしてしか、すぐれた内容というものの存在を知ることはできないのである。

4 それでは、③いい表現はどのようにして生まれるのだろうか。それはまず、観念とも感情とも感覚ともつかぬｂ不定の何かに突き上げられるという内面的な切迫感を伴わなければならない。そのような芸術的衝動(エ)はある言語形式に自動的に定着するわけではない。そこには文章体験・シッピツ(オ)動機・作品意図・表現対象・伝達相手といったさまざまなものがからむ。文章表現が個人の主体的な行為でありうるのはそのためである。

5 このようにして、④世の中にはいろいろないい文章が現れる。どちらがどれだけすぐれているかという比較のできない、文体という質的な違いを有する多数の文章が存在する。が、いかに個性的な名文であっても、それがいい文章である限りは必ず備わっている表現上の共通点がある。それは明晰《めいせき》な通達性である。読む人にわかってもらえなければ、その文章の価値は生きない。

本文を読む前に

重要語句

12 観念　13 切迫感　14 定着
15 からむ　15 主体的　19 明晰
19 通達性

知・技	/16
思・判・表	/34
合計	/50

目標解答時間 15分

本文の展開

1 **いい文章＝すぐれた内容としてそのまま相手に伝わる**

↓二つの側面 → **いい内容** ／ **いい表現**

2 3 4

いい内容

- どんなに凝った表現も、内容がつまらなければ価値は低い
- いい内容は、**深く生きることをとおして自然に湧き出る**
- どれほどすぐれた内容も、いい表現の形でしか存在を知ることができない

いい表現

- いい表現は、［ ① ］な**切迫感を伴わなければならない**
- 文章表現は、さまざまなものがからむ、個人の主体的な行為

問一 漢字 傍線部㋐〜㋔のカタカナを漢字に改め、漢字には読みを示せ。〔2点×5〕

㋐ 凝った

㋑ オク

㋒ 湧き出る

㋓ 衝動

㋔ シッピツ

問二 語句 波線部a「小手先」b「不定」の意味を次からそれぞれ選べ。〔3点×2〕

a
ア 浅はかな考え
イ ちょっとした能力
ウ 未熟な技術
エ 他者からの模倣

b
ア 迷いがないこと
イ 思いがけないこと
ウ 決まっていないこと
エ 変わることがないこと

問三 文脈 空欄Aに入る語を次から選べ。〔4点〕

ア だから　イ たとえば
ウ つまり　エ 一方

問四 内容 傍線部①と同じ内容を比喩的に表した語句を本文中から九字で抜き出せ。〔5点〕

問五 内容 傍線部②とあるが、「いい内容」を生み出すのに必要なこととは何か。本文中から七字で抜き出せ。〔4点〕

問六 内容 傍線部③とあるが、「いい表現」とはどのようなものか。適当なものを次から選べ。〔4点〕

ア 表現へのやむにやまれぬ衝動から生まれるもの。
イ さまざまな文章体験の中で研ぎ澄まされるもの。
ウ 文章の感覚を研ぎ澄ますことから生まれるもの。
エ 個人の観念や感情をありのまま言語化したもの。
オ 内面的な芸術的衝動がそのまま形になったもの。

問七 主題 傍線部④とあるが、筆者の考える「いい文章」の条件とはどのようなことか。「相手」という語を用いて二十字以内で答えよ。〔8点〕

5 いい文章の表現上の共通点

明晰な ＝ ②

▼1 空欄①・②にあてはまる語句を本文中から抜き出せ。〔3点×2〕

▼2 本文の論展開の説明として適当なものを次から選べ。〔3点〕

ア 問題提起―具体例の分析―結論
イ 主張―内容説明―主張の再提示
ウ 現状の提示―現状の分析―結論
エ 問題提起―主張―結論

18 知の主観性

西垣《にしがき》 通《とおる》

▶ 本文を読む前に

知・技	思・判・表	合計
/16	/34	/50

目標解答時間 15分

1 現代人にとって、論理体系はいうまでもなく大切なものだ。法律にせよ、経済にせよ、科学技術にせよ、すべて論理体系をなしていて、論理なしには社会は崩壊してしまう。だから、客観世界のありさまを正確に三人称的に記述する大量の知識命題を集め、それらを機械的に、つまり個人的な主観による歪《ゆが》みを除いて演算的に処理すれば、理想的な知がえられると思いたくなる。しかし、知とは本来、そういうものだろうか。

2 知というのは、根源的には、生命体が生きるための㋐ジッセン活動と切り離せない。人間だけでなく、㋑サイボウをはじめあらゆる生命体は、一瞬一瞬、リアルタイムで変動する環境条件のなかで生きぬこうともがいている。生命的な行動のルールは、遺伝的資質をふくめた自分の過去の身体的体験にもとづいて、ａ時々刻々、自分で動的に創りださなくてはならない。

3 だから生命体は、システム論的には自律システムなのである。コンピュータのように外部から静的な作動ルールをあたえられる他律システムとは成り立ちが違うのだ。生命体は自己循環的に行動ルールを決めるので、習慣性がうまれ、あたかも静的なルールにしたがうように見えるが、この本質的相違を忘れるととんでもないことになる。その先には混乱と㋒スイボウしかないということだ。

4 つまり、知とは本来、主観的で一人称的なもののはずである。実際、構成主義の心理学者がのべるように、幼児の発達とは、外部の客観世界を正確に認知していくのではなく、環境世界に適応するように主観的な世界を内部構成していく過程に他ならない。それが知のベースであることは、現代人でも共通である。

5 要するに、現実に地上に存在するのは、個々の人間の「主観世界」だけなのだ。「客観世界」や、それを記述する「客観知」のほうが、むしろ人為的な㋓ツクリモノなのである。①それらをまるでご神託のように尊重するのは、形式的論理主義を過信する現代人の妙なクセである。まずは、クオリアに彩られた生命的な主観世界から出発しなくてはならない。

6 では、②客観知やそれらを結ぶ論理体系とはいったい何だろうか。——それは、集団行動生物であるわれわれ人間が、主観世界の食い違いのために闘争をくり返さないため、安全で便利な日常生活をおくるために、衆知をあわせて創りあげた一種の知恵のようなものだと考えられる。その内実は、さまざまな主観的な意味解釈のいわば上澄みにすぎないのだ。

7 実際、法律体系にせよ、永遠の㋔ムジュン無き論理命題などではない。時代とともにどんどん変わっていくで

10 **自己循環的**…習性、習慣にしたがって過去の反応を踏襲し、現在の刺激に対応するさま。

18 **形式的論理主義**…「形式的ルールに基づく論理命題の記号操作」のみを人間の思考と考える立場。

18 **クオリア**…体験によって人間のなかに出現する、個人的で共有不可能な感覚。

重要語句

8 動的　9 静的　13 構成主義　17 ご神託

本文の展開

1 【知とは？】……主観による歪みを除いた知は理想的な知となるか？

2 3 【知と生命体】……知は生命体のジッセン活動と切り離せない

生命体…行動のルールを自分で動的に創りだす ＝ ①［　　］システム

↕

コンピュータ…外部からルールをあたえられる

はないか。③科学的仮説もまったく同様である。マイケル・ポラニーの、科学は個人的知識にもとづくという主張をよく噛《か》みしめる必要がある。

問一 漢字　傍線部㋐〜㋔のカタカナを漢字に改めよ。［2点×5］

㋐ ジッセン
㋑ サイボウ
㋒ スイボウ
㋓ クセ
㋔ ムジュン

問二 語句　波線部a「時々刻々」b「噛みしめる」の意味を次からそれぞれ選べ。［3点×2］

a　ア　次々と　イ　ゆっくりと　ウ　時間内に　エ　一定の速度で

b　ア　強く批判する　イ　深く反省する　ウ　深く理解する　エ　長く保持する

問三 内容　傍線部①とはどのような態度か。二十字以内で答えよ。［6点］

問四 内容　傍線部②とあるが、筆者は「客観知」をどのようなものだと考えているか。適当なものを次から選べ。［5点］

ア　主観世界を超越し、環境に応じて変化するもの。
イ　恒久的な知として人々に受け継がれてきたもの。
ウ　絶対的な価値観の橋渡しをする相対的なもの。
エ　個々の知からなり人間の集団生活に資するもの。
オ　主観的な知の偏りを排した、集団の基準となるもの。

問五 内容　傍線部③とあるが、筆者は「科学的仮説」をどのようなものだと考えているか。三十字以内で答えよ。［7点］

問六 主題　本文の内容と合致するものを次から選べ。［6点］

ア　論理は理想的な知を生むように見えるが、知とは本来主観的なものである。
イ　客観知は時代とともに変化してしまうので、自分の中に不変の主観的な知を持つべきだ。
ウ　幼児の主観世界には、外部の客観世界に左右されない論理性が見られる。
エ　知は個々の領域で深めていくしかなく、社会的な価値を持たないものである。
オ　客観知と主観的な知は別物ではなく、同じ知の表裏にすぎない。

4〜7【主観的な知・客観知】………
＝他律システム
知は主観的・一人称的

主観世界…現実に地上に存在
客観世界・客観知…人為的なツクリモノ
↓クオリアに彩られた生命的な主観世界から出発しなくてはならない

客観知
・集団の安全な日常生活のため
・衆知をあわせた一種の知恵
・主観的な解釈の［　②　］
・時代とともに変わる

↓科学は個人的知識にもとづく

▼1 空欄①・②にあてはまる語句を本文中から抜き出せ。［3点×2］

▼2 本文の論展開の説明として適当なものを次から選べ。［4点］

ア　前提の共有―主張―結論
イ　問題提起―理由の提示―主張
ウ　主張―具体例の分析―結論
エ　問題提起―結論―補論

19

冒険というパフォーマンス 平野《ひらの》啓一郎《けいいちろう》 × 冒険の批評性 角幡《かくはた》唯介《ゆうすけ》

本文を読む前に

知・技	思・判・表	合計
/16	/34	/50

目標解答時間 20分

【文章Ⅰ】【文章Ⅱ】は「冒険」について述べた文章である。

【文章Ⅰ】 平野啓一郎「冒険というパフォーマンス」

一体、（ア）ムボウな計画に果敢に挑もうとする冒険家の姿は英雄的であろうか？ その失敗が、彼に死をもたらしたとすれば、それは悲劇的であろうか？

具体的な任務があるならば①わかる。宇宙飛行士などのように前人未踏の地に危険を冒して調査に（イ）赴くというのであれば、人はそれに素直に感動するであろう。彼らの命がけの仕事は、やがては我々に利益としてもたらされるのである。けれども、本人以外の他人には何の得るところもないような冒険に勝手に出掛けて帰ってくる、あるいは（ウ）ソウナンするといったときに、それが人を感動させるとすればなぜであろうか？

「男のロマン」という冒険についてのa通俗的な表現は案外b正鵠《せいこく》を射ている。冒険とは、日常性からの跳躍のパフォーマンスである。そして、②それ自体がパフォーマンスである以上、目的はかえって邪魔である。冒険家が常に、新しく独創的な危険に挑戦し続けなければならないのは、到達された危険が直ちに人間の可能性の範疇《はんちゅう》へと回収されてしまうからである。登頂を許してしまった途端、エベレストは人間の臨界に描かれた境界線であることをやめてしまう。そして、登頂に成功する者が一人増えるたびに、境界線は、ますます先へと押しやられてしまうのである。

冒険家が英雄性を獲得する仕組みは、極めてロマンティックであるにちがいないが、彼の冒険が好きで勝手にやっていることと映るか、まさしく英雄的と映るかは、彼が人々の欲望をどれだけ大がかりに引き受け得るか（魅力的な危険を選択するセンスが重要である）、そして、見守る側の人間もまたどれだけ素直に彼に託し得るか、ということにかかっている。それは結局、パフォーマーとしての冒険家の個人的な魅力の部分に大きくかかわる問題である。虫の好かない人間が誰も行かないような危険な場所に赴いてみても、変人と思われるか、友達がいないと思われるかのどちらかである。冒険家のナルシシズムは、おそらくは途轍《とてつ》もないものであろうし、ひょっとすると彼を動かしているのはただそれだけであるのかもしれないが、少なくとも人々の目に触れる姿はナルシシズムからは、最も遠いものでなければならない。

先日エベレストで清掃登山を行ったあるアルピニストの報告をテレビで見て、私は各国の登山隊が出した何トンというゴミの山に失笑を禁じ得なかったが、あれなどを見るともはや感動どころではなく、好きで勝手にやるのはいいが、迷惑なのは困るといったしらけた気分になる。冒険家にとっての最大の危険は、吹雪でも、落石でもなく、彼が英雄のパロディへと転落してしまうことなのかもしれない。

【文章Ⅱ】 角幡唯介「冒険の批評性」

冒険が批評だと言われても、多くの人は、「はい？」と首をひねるかもしれない。批評というのはあくまで言論活動であり、身体の行動である冒険とは行為形態が異なるように思えるからだ。しかし冒険には紛れもなく批評的性格がある。それもかなり挑発的な批評性だ。

冒険とは③脱システムであり、脱システムするためには、システムの性格や特質を自分なりに捉え、そのシステムがどのあたりまで根を張っているのか、限界ラインがどのへんにあるのかを見極めなければ、越えるものも越えられない。ほとんどの冒険者はこれを意識せず直観でやっているが、意識的だろうと直観的だろうと、その行動が脱システムになっている限り限界ラインの見定めは必ず行われている。たとえば極夜探検では、現代社会では太陽が運行することを前提に生活が㋓営まれている一方で、人工照明が発達して夜の暗さが薄れ、太陽のありがたさや闇の怖さが感じられなくなった世界に生きており、それがシステムとして起動しているという認識があることが前提になっている。こうしたシステムに対する理解があって初めて、極夜という太陽のない世界こそ太陽のある現システムの外側であり、そこに到達することで現代システム内では失われた太陽のありがたみや闇の恐ろしさを経験できるだろうとの発想が生まれる。

　このように脱システムするためには、我々が暮らす日常がどのようなシステムの管理下にあるのかを、まず自分なりに見通すことができていなければならない。こうした認識や直観をもとに冒険者は境界を越えて脱システムし、そして無事、システムの内部に帰還した後に、自分が経験した冒険のあらましを文章やら動画やらで報告する。

　重要なのは、ここである。帰還した冒険者が公衆に対して何を報告し、どのようなことを明らかにするのかちょっと考えてみよう。脱システムした冒険者は境界を越えてシステムの外側に出ることで、外側からシステムの内側を見るという視点を獲得している。月に向かったアポロの乗員が地球の丸い輪郭線を目の当たりにしたのと同じように、外側に飛び出した冒険者も内側を眺めることで、必然的にシステムの境界線を発見する。そして帰還した冒険者が公衆に向かって報告するのは、冒険の成果だけではなく、実は彼が外側から㋔モクゲキした現代システムの全体像でもある。というのも冒険を報告するということは、とりもなおさず冒険によって越えられたシステムの境界線を明示することでもあるからだ。普段は見えてないけど、実はここにシステムの境界線があって僕はここを越えたんですねと示すことで、冒険者は現代システムの限界と内実をさらけ出すのである。つまり冒険には、外側に出ることで内側にいるだけでは気づかないシステムの現実を明らかにするという性格があることになる。システムの内側にいる者は、システムの外側に出た者の行動を知ることで初めて、システムの限界がどこにあるのかということ、いやそれ以前に自分たちがそのようなシステムの管理下にあったことに初めて気づかされる。それが冒険の批評性である。

【文章Ⅰ】 15 **ナルシシズム**…精神分析の用語。自分自身を性愛の対象とすること。自己愛。
17 **アルピニスト**…登山家。特に、高度な技術を要する登山を行う人。

【文章Ⅱ】 6 **極夜**…南極、北極などの高緯度地方で冬季に起こる、一日を通して太陽が昇らない現象。

重要語句

【文章Ⅰ】 3 前人未踏　8 範疇　15 途轍もない　19 パロディ

問一 漢字 傍線部㋐〜㋔のカタカナを漢字に改め、漢字には読みを示せ。 〔2点×5〕

㋐ ムボウ

㋑ 赴いて

㋒ ソウナン

㋓ 営まれて

㋔ モクゲキ

問二 語句 波線部a「通俗的な」b「正鵠を射る」の意味を次からそれぞれ選べ。 〔3点×2〕

a **ア** 平易で大衆的な **イ** 穏当で理想的な
ウ 露骨で現実的な **エ** 特殊で独創的な

b **ア** 世の流行にかなう **イ** 物事の是非をわきまえる
ウ 人情の機微を知る **エ** 要点を正しく押さえる

問三 傍線部①について、次の問いに答えよ。

(1) 内容 何が「わかる」のか。二十五字以内で説明せよ。 〔6点〕

(2) 理由 なぜ「わかる」のか。理由を述べている一文を本文中から抜き出し、初めの五字を答えよ。 〔4点〕

問四 理由 傍線部②の理由として適当なものを次から選べ。 〔8点〕

ア 日常性を拒否すること自体が目的で、何をするかは重要でないから。
イ 不可能そうなことに挑むのが重要で、何をするかは問題でないから。
ウ 英雄性を獲得することだけが魅力的で、他の目的はつまらないから。
エ 危険の克服こそが目的で、他の目的は障害になるから。
オ 人々を感動させる以外の目的は流行に応じて決めるから。

問五 内容 傍線部③に関する説明として適当でないものを次から選べ。 〔8点〕

ア 極夜探検は、太陽の運行を前提とした生活システムを脱するものだ。
イ 脱システムの前に、自分なりにシステムの限界を見通す必要がある。
ウ 脱システムにより、外側からシステムの内側を見る視点が得られる。
エ 帰還した冒険者の報告は、システムの境界線を明示する。
オ 脱システムを経た冒険者は、冒険に対して挑発的な批評性を持つ。

問六 主題 冒険家(冒険者)について、【文章Ⅰ】【文章Ⅱ】の筆者はそれぞれ何が必要だと述べているか。適当なものを次から選べ。 〔8点〕

ア 【文章Ⅰ】では変人と見られても夢を追求すること、【文章Ⅱ】ではシステムの外側から内側を見る視点を持つことが必要だと述べている。
イ 【文章Ⅰ】では英雄のパロディにならないように独創性を磨くこと、【文章Ⅱ】では恐れずに脱システムをすることが必要だと述べている。
ウ 【文章Ⅰ】では旺盛なサービス精神を発揮すること、【文章Ⅱ】では挑発的な批評家として言論活動を行うことが必要だと述べている。
エ 【文章Ⅰ】では人々に承認され続けること、【文章Ⅱ】では人々に現代システムの限界と内実を明らかにすることが必要だと述べている。
オ 【文章Ⅰ】では人よりも多くの経験を積むこと、【文章Ⅱ】では動画で冒険の報告をすることが必要だと述べている。

20

螢川《ほたる》

宮本《みやもと》 輝《てる》

▶ 本文を読む前に

中学三年生の竜夫《たつお》は友人の関根圭太《けいた》に神通川に魚釣りに行こうと誘われたが、用事があると断った。関根の家は洋服の仕立を仕事としており、高校進学を希望する関根に対して父親は、中学を出たら仕立ての修業をさせたいと考えているが、その父親に関根は「父ちゃんは、教養がないがや。」と言って反発していた。そして、竜夫はそのことを知っていた。

1 ①関根圭太が神通川で溺れ死んだという報を、竜夫はその翌日、近所に住む級友から伝えられた。その少年は朝一番に教師から知らせを受けて、同じクラスの連中の家を一軒一軒伝えて歩いているのだと言った。葬式はあしたの昼からやちゃと言って、級友は急いで帰っていった。

「嘘《うそ》や。なァん、嘘やちゃ。」

竜夫は震える手で自転車の錠を外すと、関根の家に向かってこいで行った。「忌」と書かれた紙が店のガラス窓に張られ、人の出入りも激しかった。入口の所に級友の一人が立っていたので、竜夫は傍《そば》に行き、

「関根が死んだてほんとながか?」

と訊《き》いた。級友は㋐ダマってうなずいた。

「なして死んだがや?」

「新聞にも㋑載っとるがや、神通川の横の用水路に浮いとったて。」

「用水路?」

「うん、一人で魚釣りに行って、㋒アヤマって落ちたがでないがかって……。誰も見とったもんがおらんから、はっきり判《わか》らんて書いてあるちゃ。」

神通川の水を引き込んだ深い用水路があることは竜夫も知っていた。あれが秘密の釣り場だったのかと竜夫は思った。

2 ②竜夫は家に帰ると井戸水を腹一杯飲んだ。そして押し入れの中に潜り込んだ。何故《なぜ》そうしているか、自分でも判らなかった。襖《ふすま》を閉ざして、狭い押し入れの中に身を屈《かが》め、隙間からこぼれてくる光を睨《にら》んでいた。おとなになっても、ほんとの友だちでおるちゃ。関根の声が暗闇の中から聞こえてくるような気がした。自分も一緒に釣りに行っていれば、関根は死ななかったろうかと思った。体を左右にくねらせながら、

本文の展開

前書き

関根圭太　神通川の魚釣りに竜夫を誘う

竜夫　圭太の誘いを断る

関根圭太　高校進学を希望

反発　←　「父ちゃんは、教養がないがや。」

関根の父　仕立ての修行をさせたい

1 【圭太の死を知る】

竜夫　関根圭太が神通川の横の ①□ で溺れ死んだと知る

↓動揺する

2 【押し入れに潜り込む】

竜夫　押し入れに潜り込む（理由は自分でも判らない）

←　圭太の声やうしろ姿を思い出す

←

10 **用水路**…農業用などの水を取り入れるための水路。

重要語句

23 罵る

24 風情

25 上目使い

知・技 /16

思・判・表 /34

合計 /50

目標解答時間 20分

古びた自転車を懸命にこいで道の向こうに消えていった関根のうしろ姿が竜夫の胸に浮かび上がってきた。竜夫は自分以外には誰もいない家の押し入れに身を(エ)カクしていつまでも座り込んでいた。

[3] 十日程たった頃、関根の父についてある噂《うわさ》がたち始めた。人を見ると、関根の父は恐《こわ》い顔をして、③教養がないがやと罵るのだということだった。初めに異常に気づいたのは服を誂《あつら》え(a)にいった客であった。関根の父は元気のない、(b)やつれた(オ)風情であったが、仕事振りには何ら変わったことはなかった。ところが客が少し難しい注文を出すと、上目使いでじっと睨みつけながら、お前は教養がないがやと吐きすてるように叫んで、持っていた巻尺を客に向かって投げつけたのだという。

噂を聞いた近所の人が訪れると、関根の父は仕事場の壁に向かって座ったまま、時折、教養がないがやと呟《つぶや》いて、明らかに異常な姿をみせていた。

教養がないがや――その言葉は、クラスではしばらくの間、流行《はや》り言葉となった。教師の質問に答えられなかったり、忘れ物をしてきたりすると、きまって誰かがその者を指さして、教養がないがやと笑った。④竜夫は決してその仲間に入っていかなかった。

[4] 遅咲きの桜まで散ってしまい、もう明らかに春のものとは言えない陽《ひ》ざしが、この北陸の街々を照らし始めた頃、竜夫は自転車に乗って、神通川のほとりの、関根圭太の死体が浮かんでいたという⑤用水路まで出向いていった。黒い水藻に一面覆われた用水路は、覗《のぞ》き込むと思わず声をあげる程無数の魚が泳いでいた。

「自分も行けば関根は死ななかったろうか」と思う（後悔）

[3] 【関根の父の言葉】……

関根の父 元気のない、やつれた表情

← 客や壁に向かって「教養がないがや」と繰り返す

＝ 明らかに ② な姿

クラス 「教養がないがや」が流行り言葉に

竜夫 仲間に入らない

[4] 【用水路へ】……

竜夫 用水路に出向く

→無数の魚が泳いでいた

▼1 空欄①・②にあてはまる語句を本文中から抜き出せ。 [3点×2]

▼2 本文中で唯一、竜夫の心情が直接的に表現されている一文を地の文から選び、最初の五字を抜き出せ。 [4点]

問一 漢字 傍線部㋐～㋔のカタカナを漢字に改め、漢字には読みを示せ。［2点×5］

㋐ **ダマ**って
㋑ **載**っとる
㋒ **アヤマ**って
㋓ **カク**して
㋔ **風情**

問二 語句 波線部a「誂える」b「やつれる」の意味を次からそれぞれ選べ。［3点×2］

a **ア** 購入する **イ** 注文する **ウ** 返却する **エ** 補修する

b **ア** やせ衰える **イ** 地味になる **ウ** おちぶれる **エ** 疲れる

問三 内容 傍線部①とあるが、この報に竜夫が動揺していることがわかる表現を、会話文以外の本文中から四字で抜き出せ。［3点］

問四 理由 傍線部②とあるが、竜夫はなぜそうしたと考えられるか。適当なものを次から選べ。［5点］

ア 家族にも級友にも自分の今の気持ちを知られたくないと思ったから。
イ 死んでしまった圭太もたぶん暗いところにいるだろうと思ったから。
ウ 圭太が死んだ悲しみに存分に浸って、気持ちをおさめたかったから。
エ 親しい圭太が死んだという事実に、気持ちが整理できなかったから。
オ 圭太の死の責任を問われることを恐れ、人目を避けたかったから。

問五 内容 傍線部③とあるが、このときの関根の父の精神状態について述べた次の文の空欄に入る語句を、二十字以内で答えよ。［6点］

自分の息子に言われていた言葉に□状態。

問六 理由 傍線部④とあるが、それはなぜか。適当なものを次から選べ。［5点］

ア 仲間に入らないことで自分の信念を貫くことができると思ったから。
イ 自分のせいで死んだかもしれない圭太に対して申し訳なかったから。
ウ クラスの皆がこの言葉をおもしろがる理由が理解できなかったから。
エ 級友の死に関することで笑い合う皆と同じになりたくなかったから。
オ 関根親子のつらい気持ちを思うと、笑う気持ちにはなれなかったから。

問七 内容 傍線部⑤とあるが、このときの竜夫の気持ちとして適当なものを次から選べ。［5点］

ア 自分のせいで圭太が死んだことを隠し通せた安堵感に包まれている。
イ 圭太が死んだ用水路を訪れられる程度には気持ちが落ち着いている。
ウ 圭太の死を信じられず、自分の目で確認したい衝動に駆られている。
エ 無数の魚を圭太の死体と見間違える程に、圭太の死に執着している。
オ 圭太の死んだ場所を見て、早くその死を受け入れなければと焦っている。

21 「私」はどこまで自由か

浜《はま》田《だ》寿《す》美《み》男《お》

本文を読む前に

重要語句

3 生老病死　8 観念　8 マネー・ゲーム　23 頑として

知・技	/16
思・判・表	/34
合計	/50

目標解答時間 15分

1 いまという時代は、かつてと比べて自然の壁が圧倒的に遠ざけられています。その遠ざけられた自然の壁と、自分の暮らしとの間を埋めているのが、人間の文化ということになるのでしょうか。人間が生み出した文化は、私たちを自然の脅威から守り、生老病死の四苦をやわらげ、それまで不可能だったところに膨大な選択肢を広げてきました。おかげで、私たちの生活はずいぶんと豊かになりました。

2 いまや条件さえ整えば、その選択肢を無限に確保できるかのような(ア)サッカクすら抱きかねないのが、私たちの状況です。そして、その「条件さえ整えば」というときの条件のもっとも(a)典型は、この時代ではお金です。「お金さえあれば」何でも手に入る、などということは、本当はないのですが、それでもそうした観念がどこかでつきまとう。それほどお金は無限の選択肢の象徴となり、だからこそ(①)マネー・ゲームが地球(イ)キボで世界を覆い、世界を支配するようになっているのでしょう。

3 しかし、はっきりしていることは、人間の観念世界が(b)肥大して、そこに無限の選択肢を思い描いても、それを現実化するには限度があるということです。実際、人間はいま、自然の壁に(ウ)チョクセツぶつかる機会が少なくなった分、逆に互いが人間の壁になってぶつかり合う機会が多くなったのではないでしょうか。やりたいこと、やれそうに見える選択肢がどんどん広がっていながら、しかしそれをやろうとすると、互いがぶつかる。それだけ(②)不自由を意識する機会が目立ってきているのです。

4 自然の壁にぶつかったとき、人はおのずと共同します。生活が自然の脅威によって押しつぶされたときの悲しみは、人と人をつなぎ、次の一歩を共同して歩み出します。

5 しかし一方で、人間が人間の壁にぶつかったとき、そこでは互いがむかつき、苛立《いらだ》ち、憤り、(エ)イカりをぶつけ合うことになります。そうだとすれば、自然の壁を遠ざけ、豊かになった分だけ、逆に私たちは［A］性を見失い、激しく諍《いさか》う機会が増えたということになります。

6 人間は互いが自由を求めているようでいて、実際には、互いの自由を(オ)オカし合っている。そうだとすれば、私たちの自由を求める以前のところで、むしろ(③)自然という私たちの絶対的不自由を、もう一度しっかり見直したほうがいいのかもしれません。

本文の展開

1 …… 自然の壁（脅威）⟷ **人間の文化**が遠ざける
私たちの生活
↓ 膨大な［①］が広がる

2〜5 …… 条件（＝お金）さえ整えば、無限の選択肢の現実化が可能 ↑サッカク
↓選択肢の実現のため、人間同士がぶつかり合う
↓**人間の壁**：激しく諍う
⟷ 対比
自然の壁：人は［②］する

6 7 …… 人間は互いの自由をオカし合う
← **自然という人間の絶対的不自由**を見直すべき
自然そのものの一部だという事実

7 自然の壁は、一見遠ざけられているようでいて、なお頑としてある。なにしろ私たち自身が、人間という生き物として自然そのものの一部であることは、どうしようにも超えられない事実なのです。

問一 漢字 傍線部㋐〜㋔のカタカナを漢字に改めよ。［2点×5］

㋐ **サッカク**
㋑ **キボ**
㋒ **チョクセツ**
㋓ **イカり**
㋔ **オカし合って**

問二 語句 波線部a「典型」b「肥大する」の意味を次からそれぞれ選べ。［3点×2］

a
ア 手本となるもの
イ 天が人に示したもの
ウ 人から人へ伝えられたもの
エ 特徴をよく表すもの

b
ア 太って大きくなる
イ 深みと広がりが出る
ウ 知恵、知識が深まる
エ 輪郭がぼやけていく

問三 内容 傍線部①とあるが、このようなことが起こるのは私たちがどういう状況にあるからか。解答欄に合う形で本文中から四十字以内で抜き出し、初めと終わりの五字を答えよ。［6点］

〜 状況。

問四 理由 傍線部②とあるが、不自由を感じるのはなぜか。適当なものを次から選べ。［6点］

ア 自然に触れる機会が減って心が空虚になっているから。
イ 選択肢を現実化しようとすると人間どうしがぶつかるから。
ウ 選択肢が増えすぎて収拾がつかなくなっているから。
エ 人間は条件さえ整えば何をしてもよいと考えてしまうから。
オ お金などの条件が整わないと何もできない世界だから。

問五 文脈 空欄Aに入る漢字二字の語句を本文中から抜き出せ。［5点］

問六 主題 傍線部③とあるが、ここから筆者のどういう考えが読み取れるか。適当なものを次から選べ。［7点］

ア 人間は自然という脅威のために自由に生きることを邪魔されていると理解するべきだ。
イ 人間も生き物として自然の一部である以上、不自由な部分は必ずあると理解するべきだ。
ウ 互いに自由をオカし合っている人間に自由が保証されることなどないと理解するべきだ。
エ 人間に自由がなくとも、私たちに備わる自然という要素に救いがあると理解するべきだ。
オ 人間が再び自由になるには、自然という不自由さとあえて近づくのがよいと理解するべきだ。

▼1 本文中から抜き出せ。 空欄①・②にあてはまる語句を［3点×2］

▼2 本文の論展開の説明として適当なものを次から選べ。［4点］

ア 問題提起―具体例の分析―結論
イ 主張―理由の提示―主張の再提示
ウ 現状の提示―現状の分析―結論
エ 問題提起―主張―補論

22 科学の考え方

池内《いけうち》 了《さとる》

1 科学が対象とする現象は、いつでも、どこでも、誰でも、それが再現できねばならない。繰り返し実験で同じ現象が生じることが確かめられなければ、普遍性があるとは言いがたいのだ。科学の客観性は再現可能性で保証されるのである。しかし、一回きりの現象も扱わねばならない場合が多い。宇宙の㋐ソウセイと進化、地球の生成と進化、生物の誕生と進化など、（特に歴史性を問題とする場合）私たちは、一つの例しか知らないし、①それを再現してやり直すわけにもいかない。だから、たまたまの偶然による巧《うま》い組み合わせで生じた現象なのか、物理法則に従って必然的な道をたどったのかは明らかではない。だから、②一回きりの現象が科学の対象になるのかならないのかの議論は、これまで何度も繰り返されてきた。

2 しかしながら、現代では、一回きりであってもそれは必然的に生じた事象であり、研究するに値するという㋑ゴウイができている。偶然のように見える事象であっても必然の過程から位置づけられるはずだから、徹底して必然性を追究すれば合理的に説明できるという考え方を㋒サイヨウしているためである。言い換えるなら、自然が歩んだ道は（一見偶然に見えるが）論理から外れた偶然はなく、すべて必然の範疇《はんちゅう》で説明できると信じているのだ。例えば、地球上における生命の誕生物語は、ある㋓トクシュな化学物質がたまたま偶然に出会って反応した結果としてではなく、さまざまな組み合わせが試された上での必然的な産物であるとみなし、それを調べ上げることにa傾注する。そうすれば③偶然も必然のひとつとなる。宇宙論におけるビッグバンや地球科学におけるプレートテクトニクスも、そのような方向で研究され、現在では正統的理論として確立している。

3 そこに底流している信念は、「自然の一様性の原理」である。自然界の現象は一見するとバラバラに見え、たまたま例外事象が起こったかのようだが、そこには何らかの規則性があって筋をたどることができ、またそうすることによって因果関係を明らかにできる、と考えるのだ。むろん、これはb森羅万象にわたって成立しているとは限らない。全く偶然に起こった事象が原因となって結果を変えてしまう場合もあり、それを解きほぐすのは簡単ではない。しかし、果敢に㋔チョウセンして何らかの辻褄《つじつま》を合わせていくのが科学の営みなのかもしれない。

▶ 本文を読む前に

15 **ビッグバン**…宇宙の始まりとなったとされる大爆発。

15 **プレートテクトニクス**…地震や火山、大陸移動などの現象のメカニズムを地球の表面の層（プレート）の運動から説明する学問。

重要語句

2 普遍性　3 保証　17 底流　21 辻褄を合わせる

知・技	/16
思・判・表	/34
合計	/50
目標解答時間	15分

本文の展開

1【序論】……………

●科学が対象とする現象

A 実験で再現できるものでなければならない

しかし

B 科学では一回きりの現象を扱わなければならない場合も多い

例 ・宇宙のソウセイと進化
・地球の生成と進化
・生物の誕生と進化　など

2【本論】←

現代 一回きりの現象も必然的に生じた事象であり、① ［　　］に値する

問一 漢字 傍線部㋐〜㋔のカタカナを漢字に改めよ。［2点×5］

㋐ ソウセイ
㋑ ゴウイ
㋒ サイヨウ
㋓ トクシュ
㋔ チョウセン

問二 語句 波線部a「傾注する」b「森羅万象」の意味を次からそれぞれ選べ。［3点×2］

a ア 注目する イ 深く考える ウ 専念する エ 理解する

b ア この世のすべてのもの イ 自然界を支配する法則 ウ 木や森などの自然 エ 唯一無二の真理

問三 指示 傍線部①とは何をさすか。本文中から七字で抜き出せ。［4点］

問四 理由 傍線部②とあるが、その理由を説明した次の文の空欄に入る語を、五字以内で答えよ。［4点］

本来、科学が対象とする現象は、いつでも、どこでも、誰でも、［　　　　　］ことができなければならないから。

問五 内容 傍線部③とは、どういうことか。適当なものを、次から選べ。［5点］

ア 実際は偶然の組み合わせの結果として生じた事象が、必然的に生じたものとして理解できること。
イ 偶然がどのように積み重なって、必然の産物とも思える事象になったのかを解明できること。
ウ 自然の現象はすべて、偶然ではなく唯一の可能性によってもたらされることが説明できること。
エ 偶然に見える事象も、必然的な過程の中で生じた事象のひとつだと説明できること。
オ 偶然に見える事象を研究対象から外すことで、自然界の現象の必然性を解明できること。

問六 主題 筆者の考えについて、次の各問いに答えよ。

(1) 筆者は、現代の科学の考え方の根底には、何という信念があると述べているか。本文中から九字で抜き出せ。［4点］

(2) (1)とは具体的にどのような信念か。次の文の空欄に合う形で、本文中の語句を用いて二十五字以内で答えよ。［7点］

一見するとバラバラに見える［　　　　］ことで因果関係を明らかにできるという信念。

理由 自然が歩んだ道はすべて必然の範疇で説明できると信じているから

3【結論】
自然界の現象に何らかの［②］を見いだし、因果関係を解き明かそうとする
＝
科学の営み

▼1 空欄①・②にあてはまる語句を本文中から抜き出せ。［3点×2］

▼2 Aと Bの関係を次から選べ。［4点］

ア 順接の関係
イ 逆接の関係
ウ 並列の関係

23

漢字と日本語

鈴木《すずき》孝夫《たかお》

本文を読む前に

1 英語には、同じ〈かたい〉でもそのかたさの性質によってさまざまな形容詞があります。たとえば close, fast, firm, hard, stiff, stark, tight, thick, tough などは、どれも場合によっては日本語で一応〈かたい〉と訳すことができるけれども、それぞれ性質の違う〈かたさ〉を表す個別具体的な内容を持つ形容詞なのです。

2 これに対して日本語の〈かたい〉という形容詞は〈外力を加えても形が変わりにくい〉というかなり漠然とした意味内容を持った言葉です。ですから石、ガラス、鉄、コンクリートに始まり、食べ物では御飯、かきもち、豆、そして嚙《か》み切りにくい肉やするめまでも〈かたい〉で形容することができます。また決心、守り、頭なども〈かたい〉と言うことができますが、これらは反対、(ア)コウゲキ、教えといった外からの力を加えても元の状態が変化しないときに用います。このように日本語では何がどのように〈かたい〉のかは説明を加えなければ明らかにはなりませんから、それだけ①発話が長くなります。このような(イ)チュウショウ的な意味内容はそのほかの形容詞、例えば〈大きい〉、〈小さい〉などでも同様なことが、英語の対応語 big, great, gross, huge, large などと(ウ)ヒカクしてみると言えますが、②日本語の持つこのような弱点は適当な漢字を使うことによってかなり補えるのです。例えば〈かたい〉は(エ)フツウ、固い、堅い、硬い、難い[a]などと違った漢字で書かれますが、このような漢字は英語の形容詞の場合のように、どんな種類の〈かたさ〉なのかをある程度区別してあらわす具体性を持っています。そこで私たちは〈かたい〉という音声で〈外力を加えても形が変わりにくい〉という広い意味を示し、それが目下どのような〈かたさ〉なのかを適当な漢字で表現しているのです。

3 よく和語の語彙[b]が現代日本語で(オ)ヒンジャクになってしまったのは、明治以後漢字が不必要にのさばったからだと言う人がいます。確かに農業関係の用語などでは、③〈たねをまく〉ですむところを〈播種《はしゅ》〉といったり〈こやしをやる〉を〈施肥《せひ》〉と難しくいうなどの漢字語の乱用が見られますが、これはいまの日本のインテリがやたらと訳の分からない英語を使うのと同じ心理です。ただ私に言わせれば播種や施肥などは、書いたものを見ればその意味が大多数の国民に漢字の持つ音訓二重性のおかげで理解できるのに、難しい英語は多くの人にとっては、たとえ書かれても、ちんぷんかんぷんだという意味で、はるかに罪がなかったのです。

本文の展開

1【序論】……
英語
同じ〈かたい〉でも、その性質によってさまざまな**個別具体的な内容**を持つ形容詞がある

↔

2【本論】……
日本語
〈かたい〉は**かなり** ①[　　] **とした意味内容**を持つ言葉
← 何がどう〈かたい〉のか説明が必要
← ②[　　] が長くなる

日本語の弱点

⇐ 〈かたい〉という音声で広い意味を、どんな〈かたさ〉なのかを**具体性**を**持った漢字を区別して使う**ことで表現

重要語句

4 漠然　9 発話　17 のさばる　19 インテリ

知・技	/16
思・判・表	/34
合計	/50

目標解答時間 15分

問一 漢字 傍線部㋐〜㋔のカタカナを漢字に改めよ。［2点×5］

㋐ コウゲキ

㋑ チュウショウ

㋒ ヒカク

㋓ フツウ

㋔ ヒンジャク

問二 語句 波線部a「難い」b「語彙」の意味を次から選べ。［3点×2］

a　ア しっかりとした　イ 容易でない　ウ 変化しにくい　エ 融通が利かない

b　ア 言葉の意味　イ 言葉の使い方　ウ 言葉の集まり　エ 言葉の決まり

問三 内容 傍線部①とあるが、それは日本語の形容詞がどのような言葉であるからか。「意味内容」という語を用いて二十字以内で答えよ。［6点］

問四 理由 傍線部②とあるが、なぜ漢字は日本語の弱点を補えるのか。次の文の空欄に合う形で本文中から八字で抜き出せ。［6点］

漢字は英語の形容詞の場合と同じような□を持つから。

問五 内容 傍線部③についての筆者の考えをまとめた次の文の空欄に合う語を本文中から五字で抜き出せ。［5点］

難しい漢字語であっても、漢字の□のおかげで書いたものを見れば意味がわかるので、意味のわからない英語の乱用よりは罪がない。

問六 主題 本文中から読み取れる筆者の考えとして適当なものを次から選べ。［7点］

ア 漢字語の乱用は英語の乱用と同様に、和語の語彙を貧弱にするので排除されるべきだ。

イ 乱用は避けるべきだが、漠然とした意味内容を示すことができるので漢字は重要だ。

ウ 端的な表現が苦手な和語を補うために、書けば意味がわかる漢字語を使うのは妥当だ。

エ 漢字語や英語に頼らず複雑な意味内容を表現できるよう、和語の語彙を増やすべきだ。

オ 漢字語や英語をうまく使って、意味内容が漠然としているという和語の弱点を補うべきだ。

③【補足】

漢字語の乱用　書いたものを見れば意味がわかる

英語の乱用　書かれてもちんぷんかんぷん

→ はるかに罪がなかった

▼**1** 空欄①・②にあてはまる語句を本文中から抜き出せ。［3点×2］

▼**2** ②段落のタイトルとして適当なものを次から選べ。［4点］

ア 日本語と英語の弱点のヒカク

イ 形容詞〈かたい〉の和訳

ウ 漢字とかなの使い分け方

エ 日本語の弱点と漢字の役割

24

名人伝

中島《なかじま》 敦《あつし》

▶ 本文を読む前に

1 もはや師から学び取るべき何ものもなくなった紀昌《きしょう》は、ある日、［A］よからぬ考えを起こした。

2 彼がそのとき独りつくづくと考えるには、今や弓をもって己に敵すべき者は、師の飛衛《ひえい》をおいてほかにない。天下第一の名人となるためには、どうあっても飛衛を除かねばならぬと。ひそかにその機会を窺《うかが》っているうちに、一日偶々《たまたま》郊野において、向こうからただ一人歩み来る飛衛に出会った。①とっさに意を決した紀昌が矢を取って狙《ねら》いをつければ、その㋐ケハイを察して飛衛もまた弓を執って相応ずる。二人互いに射れば、矢はその度に中道にして相当たり、共に地に落ちた。地に落ちた矢が軽塵《けいじん》をも揚げなかったのは、②両人の技がいずれも神《しん》に入っていたからであろう。さて、飛衛の矢が尽きたとき、紀昌のほうはなお一矢を余していた。得たりと勢い込んで紀昌がその矢を放てば、飛衛はとっさに、傍らなる野茨《のいばら》の枝を折り取り、その棘《とげ》の㋑センタンをもってハッシと鏃《やじり》を叩《たた》き落とした。ついに③非望の遂げられないことを悟った紀昌の心に、成功したならば決して生じなかったにちがいない道義的慚愧《ざんき》の念が、このときa忽焉《こつえん》として湧《わ》き起こった。飛衛のほうでは、また、㋒危機を脱し得た安堵《あんど》と己《おの》が技量についての満足とが、敵に対する㋓ニクしみを［B］忘れさせた。二人は互いに駆け寄ると、野原の真ん中に相抱いて、暫《しば》し美しい師弟愛の涙にかきくれた。

3 涙にくれて相擁《そうよう》しながらも、再び弟子がかかる企《たくら》みを抱くようなことがあっては㋔甚だ危ないと思った飛衛は、紀昌に④新たな目標を与えてその気を転ずるに如《し》くはないと考えた。彼はこの危険な弟子に向かって言った。もはや、伝うべきほどのことは悉《ことごと》く伝えた。爾《なんじ》がもしこれ以上この道の蘊奥《うんのう》を極めたいと望むならば、ゆいて西の方太行《かたいこう》の嶮《けん》に攀《よ》じ、霍山《かくざん》の頂を極めよ。そこには甘蠅《かんよう》老師とて古今をむなしゅうする斯《し》道《どう》の大家がおられるはず。老師の技に比べれば、我々の射のごときは殆《ほとん》どb児戯に類する。爾の師と頼むべきは、今は甘蠅師のほかにあるまいと。

6 **中道**…途中。なかば。
9 **鏃**…矢の先の部分。
9 **非望**…身のほどをわきまえない望み。
10 **慚愧**…自分のことを反省して心から恥ずかしく思うこと。
16 **蘊奥**…技芸や学問などの最も奥深いところ。
17 **嶮**…一番険しいところ。
17 **斯道**…この道。この分野。

重要語句
10 道義的　11 安堵　16 悉く

本文の展開

1 【紀昌の考え】……
紀昌…もう師から学ぶべきものはないと、よからぬ考えを起こす

2 【師と弟子の戦い】……
紀昌…天下第一の名人となるためには、師の飛衛を除かねばならない

紀昌は郊野で会った飛衛を矢で狙い、飛衛も応じる
↓決着がつかない

知・技 /16
思・判・表 /34
合計 /50
目標解答時間 15分

問一 漢字 傍線部㋐〜㋔のカタカナを漢字に改め、漢字には読みを示せ。 〔2点×5〕

㋐ **ケハイ**
㋑ **センタン**
㋒ **危機**
㋓ **ニク**しみ
㋔ **甚**だ

問二 語句 波線部a「忽焉として」b「児戯に類する」の意味を次からそれぞれ選べ。 〔3点×2〕

a
ア しずかに
イ たちまちに
ウ どこからともなく
エ わけもなく

b
ア 子供の遊びのように若々しい
イ 子供の遊びのように純粋な
ウ 子供の遊びのように無心な
エ 子供の遊びのように未熟な

問三 文脈 空欄Ａ・Ｂに入る語を次からそれぞれ選べ。 〔2点×2〕

ア すっかり **イ** ふと
ウ ゆっくり
エ さっぱり

A
B

問四 内容 傍線部①とあるが、どうすることを決意したのか。本文中の語句を用いて十字以内で答えよ。 〔4点〕

問五 内容 傍線部②とはどのようなことか。適当なものを次から選べ。 〔6点〕

ア 両人の技が神業のように目に見えなかったこと。
イ 両人の技が神でも優劣を迷うほどだったこと。
ウ 両人の技が神がしたことのように軽快だったこと。
エ 両人の技が神に捧げる祈りのようであったこと。
オ 両人の技が神のように素晴らしい腕前であったこと。

紀昌…**道義的慚愧の念**が湧き起こる

飛衛…危機を脱した**安堵**と己の技量への①［　　］が、**ニクしみを忘れさせる**

二人抱き合い、師弟愛の涙にくれる

3 **【飛衛の決断】**……………………

飛衛…同じ企みを抱かないように、紀昌に新たな②［　　］を与えた

▼**1** 空欄①・②にあてはまる語句を本文中から抜き出せ。 〔3点×2〕

▼**2** 本文は、紀昌の視点から始まり、途中で飛衛の視点から心情を述べ始める。視点が切り替わった文の最初の五字を答えよ。 〔4点〕

問六 主題 傍線部③とあるが、紀昌は何のために師を殺そうとしたのか。本文中から十五字以内で抜き出せ。 〔5点〕

問七 内容 傍線部④とは何か。十五字以内で答えよ。 〔5点〕

25

日本的集団主義の実像

佐伯啓思《さえきけいし》

本文を読む前に

1 ①日本が集団主義的である、というのは少し違っている。「公」の世界には「公」の世界の論理やルールが本来はあるのに、それが日本ではメイカイ(ア)にならないのである。「私」の世界の感情や利害がそのまま「公」の世界に流れ込んでしまう。とくに、利害関係も常に感情と不可分になっている。だから、利害をルールというよりも、感情のレベルで処理したり調整したりしようとする。

2 ②「和の精神」などとしばしばいわれるのがそれで、「私」の感情の摩擦をあらかじめ、やはり感情のレベルで調整してしまおうとする。そうすると、一見したところ、「集団主義的」に見えるだろう。しかし、誰もが、本当の意味では利害も感情も納得ゆく形では処理していない、つまり、「なんとなく全体に合わせた」ということになる。だから、③すべての人が、自ら、この集団主義を支えていながら、誰もがそれに不平を言う、という奇妙なことになってしまう。外から見れば集団主義と見えながらも、その実態は、「私」の著しい拡張にすぎないから、中にいる者にとっては、決して「公」に対するチュウセイ(イ)などというものではなく、むしろ、激しい「私」の利害のショウトツ(ウ)や感情の(a)軋轢《あつれき》にすぎないと感じられるのだ。

3 だが、こうしたことは、必ずしも、ヨーロッパの社会構成が進歩していて、日本のそれが遅れているといったようなことではない。確かに、「私」と「公」の間を(b)峻別《しゅんべつ》するヨーロッパからすれば、日本の社会構成は「歪《ゆが》んで」いるように見えるかもしれない。これは、ヨーロッパの原理をそのまま日本に当てはめようとするからである。

4 あるいは、さらに突っ込んで言えば、日本社会を構成していた倫理キハン(エ)や価値体系、ある種の精神構造の中に、とりわけ戦後、西欧的なるものが外挿された。そして、これらの原理は、日本の多くの人々が従ってきた日常的な倫理観や人間関係のあり方を大きく変質させることとなる。この変質させられた日本的な倫理や人間関係と、西欧から導入された理念の奇妙な混合体が戦後日本という社会なのである。だから、市民や民主主義、公共世界などと名付けられたものの実態はというと、これは当然ながら、西欧とは違う。すると、西欧の理念をシャクド(オ)として見れば、日本のそれはいびつであり、遅れているという話になる。しかし、これは、決して、どちらが遅れているかということでもないし、また、西欧理念の導入を

重要語句

1 集団主義　1 公　16 倫理キハン

本文の展開

1 【問題提起】……
日本は集団主義的か
「公」の世界の論理やルール
＞
「私」の世界の感情→利害の処理・調整

2 【日本的「集団主義」の分析】……
「私」の感情の［①］（＝利害の一種）を感情のレベルで調整
⇔
本当は利害も感情も納得していない
➡「なんとなく全体に合わせた」から
× 集団主義的
○「私」の著しい拡張

3 【西欧から見た日本社会】……
ヨーロッパの原理を当てはめる
←「私」と「公」の峻別
日本社会が遅れていると錯覚

4 ……
日本社会の規範、価値体系、精神構造
←西欧的な理念の［②］

知・技	/16
思・判・表	/34
合計	/50

目標解答時間 15分

徹底すれば解決するという種類の問題ではないのだ。

問一 漢字 傍線部㋐～㋔のカタカナを漢字に改めよ。［2点×5］

㋐ メイカイ
㋑ チュウセイ
㋒ ショウトツ
㋓ キハン
㋔ シャクド

問二 語句 波線部a「軋轢」b「峻別する」の意味を次からそれぞれ選べ。［3点×2］

a
ア 激しい騒音がすること
イ 渋滞に巻き込まれること
ウ いざこざが生じること
エ 互いにののしり合うこと

b
ア つらい別れをする
イ 差別をしていく
ウ 厳しく区別する
エ はっきり識別する

問三 内容 傍線部①とあるが、集団主義的でないとしたらどういう状態だというのか。解答欄に合う形で本文中から十五字以内で抜き出せ。［6点］

状態。

変質した日本的な倫理、人間関係
＋
西欧から導入された理念
⬅
戦後日本社会は両者の奇妙な混合体
→日本と西欧のどちらが遅れているわけでもない

▼**1** 空欄①・②にあてはまる語句を本文中から抜き出せ。［3点×2］

▼**2** 4段落のタイトルとして適当なものを次から選べ。［4点］

ア 日本社会の変遷と実態
イ 西欧の社会の問題点
ウ 日本社会と西欧社会の優劣
エ 日本社会の問題点

問四 内容 傍線部②とあるが、ここではどういうことを意味しているか。適当なものを次から選べ。［5点］

ア 個人の利益を守るために他人に干渉すること。
イ 集団の中の利害を感情のレベルで調整すること。
ウ 集団内の個人の利益を厳格なルールで守ること。
エ 個人の利益を守れなくても卑屈にならないこと。
オ 「私」の感情はないものとして利害を調整すること。

問五 理由 傍線部③とあるが、このような「奇妙なこと」が生じるのは集団主義を支える「すべての人」がどう思っているからか。理由を二十五字以内で答えよ。［7点］

問六 主題 本文で述べられている筆者の考えと合致するものを次から選べ。［6点］

ア 「公」の世界の論理やルールと「私」の感情を徹底的に分けるべきだ。
イ 戦後の日本社会は、日本的理念と西欧的理念の混合体だと認識するべきだ。
ウ 西欧の理念が外挿される以前の日本古来の倫理観に従って生きるべきだ。
エ 「私」の利害や感情は無視して集団主義に徹した生き方をするべきだ。
オ 日本古来のものとも西欧のものとも違う新たな規範を打ち立てるべきだ。

生物多様性に迫る危機　環境省
×
生物多様性とは何か　井《い》田《だ》徹《てつ》治《じ》

本文を読む前に

知・技　/18
思・判・表　/32
合計　/50
目標解答時間　20分

【文章Ⅰ】環境省「生物多様性に迫る危機」（2023年）

日本の生物多様性は４つの危機にさらされています。過去にも自然現象などの影響により大量絶滅が起きていますが、現在は第６の大量絶滅と呼ばれています。人間活動による影響が主な要因で、地球上の種の絶滅のスピードは自然状態の約100〜1,000倍にも達し、たくさんの生きものたちがa危機に瀕《ひん》しています。

日本の生物多様性の危機

第１の危機　開発や乱獲による種の減少・絶滅、生息・生育地の減少

観賞や商業利用のための乱獲・㋐カジョウな採取や埋め立てなどの開発によって生息環境を悪化・破壊するなど、人間活動が自然に与える影響は多大です。

第２の危機　里地里山などの手入れ不足による自然の質の低下

①二次林や採草地が利用されなくなったことで生態系のバランスが崩れ、里地里山の動植物が絶滅の危機にさらされています。また、シカやイノシシなどの個体数増加も地域の生態系に大きな影響を与えています。

第３の危機　外来種などの持ち込みによる生態系のかく乱

外来種が在来種を捕食したり、生息場所を奪ったり、②交雑して遺伝的なかく乱をもたらしたりしています。また、化学物質の中には動植物への毒性をもつものがあり、それらが生態系に影響を与えています。

第４の危機　地球環境の変化による危機

地球温暖化は国境を越えた大きな課題です。平均気温が1.5〜2.5度上がると、氷が溶け出す時期が早まったり、高山帯が縮小されたり、海面温度が上昇したりすることによって動植物の20〜30％は絶滅のリスクが高まるといわれています。

絶滅のおそれのある日本の野生生物

上記の４つの危機を受けて、日本の野生動植物の約３割が絶滅の危機に瀕しています。

グラフ１　環境省レッドリスト2020及び海洋生物レッドリストで評価した日本の野生動植物のうち絶滅危惧種の割合　※グラフは一部の分類群

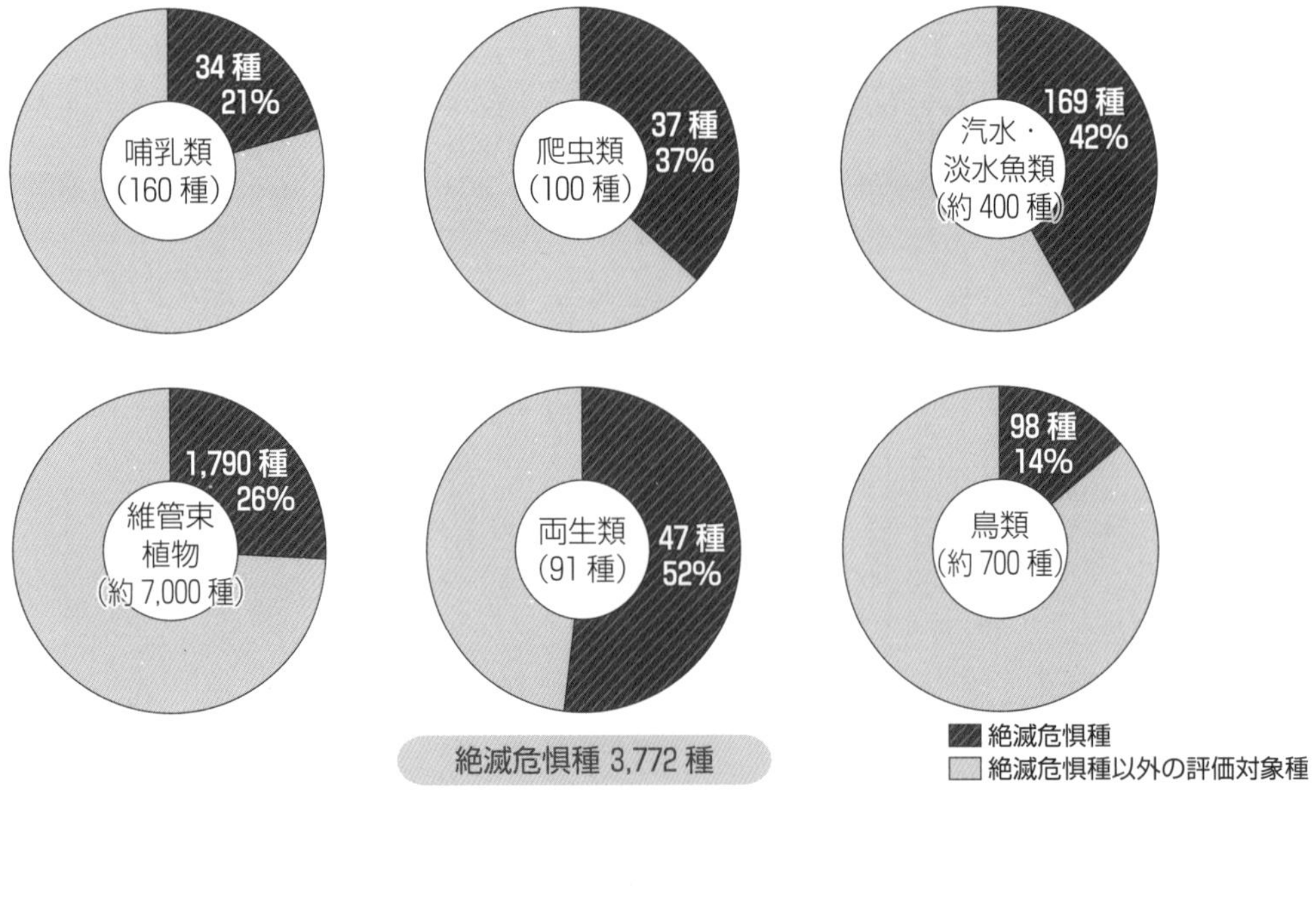

哺乳類（160種）
34種
21%
爬虫類（100種）
37種
37%
汽水・淡水魚類（約400種）
169種
42%
維管束植物（約7,000種）
1,790種
26%
両生類（91種）
47種
52%
鳥類（約700種）
98種
14%
絶滅危惧種 3,772種
絶滅危惧種
絶滅危惧種以外の評価対象種

【文章Ⅱ】井田徹治『生物多様性とは何か』（二〇一〇年）

日本の三つの危機

「海に囲まれ、南北に長く、雨に恵まれた日本で、本来豊かであるはずの生物多様性は、今、危機に瀕しています」――。これが日本政府による、自国の生物多様性に関する公式な見解である。二〇一〇年三月に閣議決定された「生物多様性国家戦略二〇一〇」の文言だ。国家戦略は、日本の生物多様性に対する危機には三つの側面があるとしている。

第一の危機は、開発など、人間が引き起こす負の要因である。海岸や河川環境の破壊、魚の乱獲など、b数え上げればきりがない。

第二の危機は、これとは逆に、人間から自然に対する働きかけが減ることによる悪影響である。昔は、近くの森や山に立ち入って、薪や炭の原料となる木材、屋根を葺《ふ》くための材料や、食料を得てきた。このように人間が関与することによって成り立ってきたさまざまな自然が日本には存在する。「里山」「里地」などと呼ばれるものだ。ところが、過疎化や高齢化の進行、農林水産業の衰退などによって人間が利用しなくなった結果、生物の生息状況も悪化するようになってきた。

第三の危機は、生物の外来種や有害な化学物質など、人間が外部から持ち込むことによって起こる生態系の「かく乱」である。

ブラックバスやブルーギルなどの外来魚は、全国各地の河川や㋑湖沼の生態系に大きな影響を与え、琵琶《びわ》湖などでの固有の淡水魚の個体数の減少を招いたと指摘されている。ハブの駆除の目的で持ち込まれたマングースや、ペットとして北米から大量に輸入されて野生化したアライグマなどが各地で問題を引き起こしている。日本固有のオオサンショウウオが㋒キンエンのチュウゴクオオサンショウウオと交雑するといった「遺伝子汚染」の問題も起こっている。

環境中で分解されにくい農薬やポリ塩化ビフェニル（ＰＣＢ）などの有害物質は、生物の体内に高濃度で蓄積する。生物が生きていく上で重要なホルモンと似たようなはたらきをして、その機能を㋓ソガイする「内分泌かく乱物質（環境ホルモン）」や、㋔ギョモウや船の底に貝などが付着するのを防ぐために使われ、ごく微量で海洋生物に悪影響を与える有機スズ化合物など、生物の生息に悪影響を与える化学物質は数多い。③これらの三つの危機は別々に発生するわけではなく、多くの場合、複数の危機が同時に一つの場所で起こる。

問一 漢字 傍線部㋐〜㋔のカタカナを漢字に改め、漢字には読みを示せ。［2点×5］

㋐　㋑　㋒　㋓　㋔

問二 語句 波線部a「危機に瀕して」b「数え上げればきりがない」と似た意味の語句を、次からそれぞれ選べ。［4点×2］

a　**ア** 危急存亡　**イ** 危機一髪　**ウ** 一触即発　**エ** 多岐亡羊

b　**ア** おくびにも出さない　**イ** 枚挙にいとまがない　**ウ** 間尺に合わない　**エ** 箸にも棒にも掛からない

問三 傍線部①について、次の各問いに答えよ。

(1) 内容 このような状況を**【文章Ⅱ】**ではどのように述べているか。端的にまとめた表現を二十五字以内で抜き出せ。［6点］

(2) 理由 このようなことが起こる原因は何か。**【文章Ⅱ】**から二十字以内で抜き出せ。［6点］

問四 内容 **グラフ1**と**【文章Ⅱ】**から読み取れることとして、適当なものを次から選べ。［8点］

ア **【文章Ⅱ】**で取り上げられている外来魚の問題は、**グラフ1**の「汽水・淡水魚類」の絶滅リスクの高さに影響を与えている。

イ **【文章Ⅱ】**で説明されている「アライグマ」は日本固有の生物で、**グラフ1**では絶滅危惧種の割合が二番目に高い「哺乳類」に含まれる。

ウ **【文章Ⅱ】**の「オオサンショウウオ」の数が乱獲により減少したことは、**グラフ1**の「両生類」の絶滅危惧種の割合の高さから明らかである。

エ **グラフ1**の「汽水・淡水魚類」の絶滅リスクが高いのは、**【文章Ⅱ】**の「有機スズ化合物」が淡水魚に多大な影響を及ぼしているためである。

オ **グラフ1**の「爬虫類」の絶滅リスクは、**【文章Ⅱ】**で説明されている「里山」「里地」の減少に歯止めがかかれば減ると考えられる。

問五 内容 傍線部②が引き起こす問題は何か。**【文章Ⅱ】**から五字で抜き出せ。［5点］

問六 主題 傍線部③に含まれていないものを次から選べ。［7点］

ア 人間が遠方から持ち込んだ生物によって、従来の環境が影響を受けること。

イ 人間が水産資源などを取りすぎてしまった結果、生態系を変化させてしまうこと。

ウ 人間が自然に関わらなくなっていくことで、生物の生息環境に変化が生じること。

エ 有害物質が環境ホルモンとしてはたらくことで、生物の生育に影響を与えること。

オ 気候が変動することによって、環境が生物の生息に適さないものになってしまうこと。

27 消費社会を問い直す

貞包英之

▶本文を読む前に

1 当たり前のように繰り返されている消費、またそれが積み重ねられることで作られた①消費社会に対して、近年では批判が手厳しい。

2 一つに消費社会が非難されるのは、それが所得の「格差」と深く関わり成立していると考えられているからである。ある商品を買える者もいれば、買えない者もいる。それを決めるのはたしかに保有する金銭の量なのだが、消費社会はそうした(ア)カヘイ所持に関わる「格差」を前提に維持され、またその拡大を助長していると疑われている。

3 そしてだからこそ消費、また消費社会は批判される。格差をできるだけ減らし、消費に関わる「不公平」が生じないようにするために、福祉国家を拡大し育児や教育などの基礎的なサービスを充実させることや、(イ)キュウキョク的には「平等」な配分を実現するためのコミュニズムが唱えられる。消費社会は所得の「格差」を前提として成り立つ社会と見なされ、そのためにそうした社会、あるいはそれを支える資本主義を変革することが目ざされているのである。

4 とはいえ社会体制そのものを変えることは、相当に困難にちがいない。だからこそ代わりに、個人のできる範囲で消費のやり方を変えることを説く者も多い。この場合、他人の目を意識した「不必要」な（と見られる）消費を減らし、自分に似合った、本当によいとされるモノ、さらには具体的な形を取らない経験にお金を(ウ)費やすことが大切であると自己a啓発的に説かれていくのである。

5 たとえば三浦展《あつし》はモノの真の価値や人との関係を重視した消費を「第四の消費」として持ち上げている。ブランド品ではない、一見質素だが作り手の見える食器や服を買い、旅行や音楽鑑賞などの体験を楽しむこと。通俗的には単なるモノから、体験やこめられた思いを重視したコトへの価値観の転換と主張されるこうした消費は、金銭的または時間的コストがむしろ大きいという意味で、社会における「格差」そのものを減らすことはたしかにできない。だがだとしても「格差」に基づく②見せびらかしの行為から購買活動が切り離されているように見せかけることはできる。つまりそれによって消費を罪深い資本主義的な活動から免責することが試みられているのである。

6 他方、「格差」に基づくことだけではなく、消費や消費社会が環境を破壊していることも近年では強く非難されている。大量生産された商品を次々と消費する営みが環境にとって負荷が多いことは、たしかに誰

9 **コミュニズム**…共産主義。

28 **エシカル**…人や社会、地球環境に配慮して倫理的に行動する様子。

29 **ハイブリッド**…①雑種、混血。②混合、複合。ここでは②。「ハイブリッド車」は、二つ以上の動力源を備えた車。

重要語句

5 助長　17 質素　18 通俗的　22 免責　27 負荷

知・技 /14
思・判・表 /36
合計 /50
目標解答時間 20分

本文の展開

【話題の提示】……消費社会が批判されている

【理由と対策①】……●消費社会が格差の拡大を助長しているから

対策
- ［①　　］の拡大
- 消費社会を支える資本主義の変革 →コミュニズム
- 個人の消費を変える →「［②　　］の消費」

にも否定しようがない。とくにかつて後進国とされた国が続々と大量生産・大量消費に加わる中で、二酸化炭素排出増加に伴う温暖化の危険はますます切迫していることは否定できないのである。

7 だからこそ消費社会を超える道が模索されている。一つ目はこの場合も個人的に対処する道で、環境負荷の高い商品を避け、環境に優しい（とされる）商品を買うことが勧められる。「エシカルな消費」や「エコ消費」と呼ばれるこうした消費はハイブリッド車の購入やエコバックの使用などの形で、たしかに一定の市民権を今では獲得している。

8 他方、より(b)ラディカルに社会の構造そのものを作り替える道もある。膨大な消費が繰り返されることで成り立つ現在の経済構造と、地球環境保護ははたして両立できるのだろうか。それを可能と見る者もいる。国の積極的な働きかけによって、技術革新を(エ)促し、さらに生産そして消費に対する規制を強化することで、経済発展と地球環境の維持を両立できると楽観視されているのである。

9 それとは別に、より根本的に社会構造を根底から作り直さなければならないと見る者もいる。この場合、消費社会、ひいてはそれを生み出した資本主義そのものの乗り越えが主張される。地球環境を保護するために、資本主義を変えなければならないとされ、そのための手段として、先に格差の(オ)テッパイの際に夢見られていたのと同様に、［ A ］に期待が寄せられているのである。

10 こうして図にまとめられるような形で現在、③消費社会の乗り越えが盛んに唱えられている。バブルの膨張が見られた一九九〇年代初めまでは、消費社会は新たな社会の到来を告げるポジティブな現象として語られることが多かった。だが二〇〇〇年代には「格差社会論」が流行し、さらにその後、地球環境危機が切迫することで、消費社会は乗り越えるべき諸悪の根源として非難されるようになったのである。

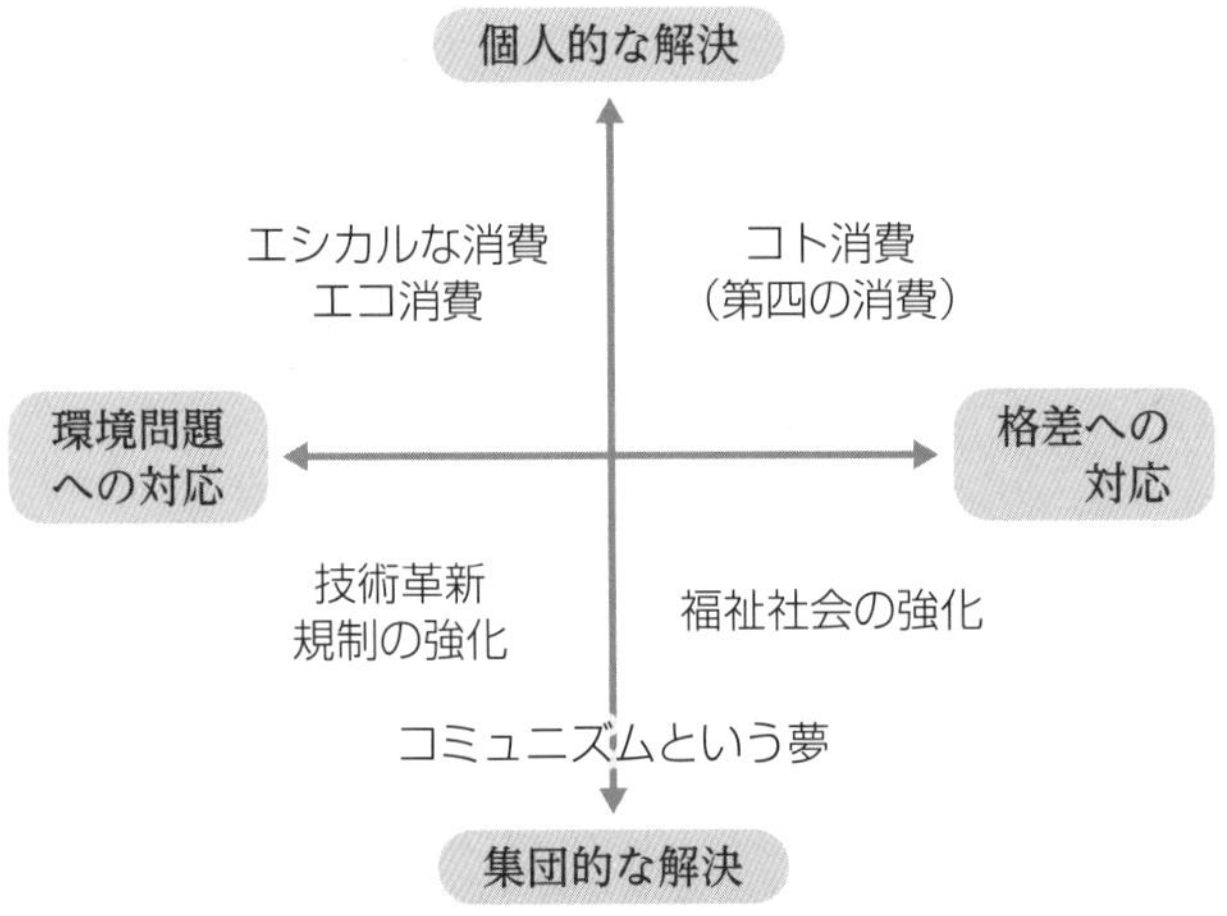

個人的な解決
エシカルな消費
エコ消費
コト消費
（第四の消費）
環境問題
への対応
格差への
対応
技術革新
規制の強化
福祉社会の強化
コミュニズムという夢
集団的な解決

図　消費社会の典型的「乗り越え」方

【理由と対策②】消費社会が環境を破壊しているから……

対策
・個人による［ ③ ］な消費、エコ消費
・技術革新と規制の強化
・消費社会を生んだ資本主義の乗り越え
→［ A ］、

【まとめ】……
現在、消費社会の乗り越え（＝図）が唱えられている

●消費社会
一九九〇年代初め－ポジティブな現象
⬅ 現在－諸悪の根源と非難

▼**1** 空欄①～③にあてはまる語句を本文中から抜き出せ。［2点×3］

▼**2** 本文を四つの意味段落に区切るとき、適当な分け方を次から選べ。［4点］

ア 1～3／4 5／6～8／9 10
イ 1～3／4～7／8 9／10
ウ 1 2／3～5／6 7／8～10
エ 1／2～5／6～9／10

［　　］

問一 漢字 傍線部㋐〜㋔のカタカナを漢字に改め、漢字には読みを示せ。〔2点×5〕

㋐ **カヘイ**

㋑ **キュウキョク**的

㋒ **費**やす

㋓ **促**し

㋔ **テッパイ**

問二 語句 波線部a「啓発」b「ラディカルに」の意味を次からそれぞれ選べ。〔2点×2〕

a

ア 気づかないところを教え示し、より高い認識や理解に導くこと

イ 危険や困難に臨んでも、大胆に物事を処理すること

ウ その通りであり、そのままで価値があると判断して認めること

エ 不十分な箇所を直して、多様な使い方ができるようにすること

b

ア 求心的に

イ 根本的に

ウ 主体的に

エ 論理的に

問三 文脈 空欄Aにあてはまる語を本文中から抜き出せ。〔3点〕

問四 理由 傍線部①について、「批判が手厳しい」のはなぜか。それを説明した次の文の a ・ b にあてはまる語句を、aは四字、bは六字で本文中から抜き出せ。〔3点×2〕

消費社会が a と b をもたらしたと考えるから。

a

b

問五 内容 傍線部②とあるが、具体的にどうすることで「免責する」ことができるか。適当なものを次から選べ。〔5点〕

ア 格差を是正し平等な社会を作るため、極力ものを買わないこと。

イ ものを買うことが生産と消費の活動につながらないようにすること。

ウ 大量消費や高級品を誇る消費とは無関係なものの買い方をすること。

エ モノではなくコトを買うことで充実感や満足感を得ようとすること。

オ 自分にとって価値があり、必要だと思うものだけを買うようにすること。

問六 主題 傍線部③とあるが、どのようなことが「唱えられている」のか。それを説明した次の文の a ・ b にあてはまる内容を、図や本文を参考にしながらそれぞれ三十字以内で答えよ。〔6点×2〕

格差拡大への対応としては、 a が、環境破壊への対応としては、 b が唱えられている。

a

b

28

シジフォスの労働

福岡伸一《ふくおかしんいち》

▶ 本文を読む前に

知・技	思・判・表	合計
/16	/34	/50

目標解答時間 20分

1 すべてのことが不透明で、不確かなこの世界にあって、次の二つのことだけはいつの世でも真実である。第一に、①人の心は変わるということ。第二に、人は必ず死ぬということ。

2 どんなに自明のことであっても、それが自明であるほどその理由と意味は深いのが常であり、それを問い続けるのが科学のつとめであると思う。福岡ハカセも生物学者の㋐マッセキをけがすものとしてずっとこの問題を考え続けてきた。動的平衡論はその解答のひとつのかたちである。

3 ②私たちはふだん自分は自分、自分のからだは自分のものと思っている。けれどほんとうは、私が私であることをa担保する物質的基盤は何もない。私の身体は流れの中にある。分解と合成のさなかにあり、常に新しい原子や分子が食物として取り入れられ、その時点で私を構成している原子や分子は㋑スてられる。

4 身体の中でももっとも高速に入れ替わっているのは外界との最前線にある上皮細胞で、消化管の上皮細胞は二日ほどで㋒更新される。だからうんちの主成分は、食べかすではなく、自分自身の分解産物である。脳細胞ですら例外ではない。脳細胞自体や連結部（シナプス）を構成するタンパク質、細胞膜の脂質、DNA、すべてが分解されつつ、合成される。

5 ゆえに記憶も実は流れ流されている。全身のあらゆる部位が常につくりかえられている。一年もすれば、物質的には私は別人となっている。だから心がどこに宿っているにせよ、それは変わって当然なのだ。むしろ常に変転しつづけている。

6 約束なんていうものも生物学的にはやぶってよい。だってそれは過去の別人がしたことだから。自己同一性も自己実現も幻想である。同一の自己も、実現すべき自己もなく、流れだけがある。その証に、ヒト以外の生物は、約束なんてしないし、一貫性もない。そのかわり後悔もない。

7 生物はわざわざエネルギーを使って積極的に自らを壊しては、つくりかえている。最新の生物学が明らかにしたことは、タンパク質の合成経路は一通りしかないけれど、分解経路は何通りもある、という事実だ。③細胞は壊すことの方を必死にやっている。できたてほやほやのタンパク質ですら情け㋓容赦なく分解している。これが動的平衡である。なにゆえに、そこまでして壊し続けるのか。

5 **動的平衡**…本文では、生物の細胞が絶えず分解と合成を繰り返しながら、全体として平衡を保っている状態のことを言う。

25 **エントロピー増大の法則**…エントロピーとは、乱雑さや無秩序さの度合いのことで、すべての物事は、秩序から無秩序へ向かうという理論。

32 **シジフォスの巨石運び**…ギリシャ神話で、ゼウス神の怒りにふれたシジフォス王が山頂まで巨石を運ぶ罰を受けるが、巨石はあと少しのところで必ず転げ落ちたことから、不毛な営みや不条理なことを言う。

重要語句

3 自明　10 更新　15 変転
17 幻想　18 一貫性　21 容赦
24 風化　30 抗う　30 率先

本文の展開

【導入】…………………
- 人の心は変わるということ
- 人は必ず死ぬということ

8 それが第二の疑問、なぜ人は必ず死ぬのか、を考えることにつながる。

9 秩序は無秩序の方へ、形あるものは崩れる方へ動く。構造物は風化し、輝けるものはさび、熱あるものは冷める。エントロピー（乱雑さ）増大の法則である。時間の矢はエントロピーが増大する方向にしか進まない。

10 生命現象は、この世界にあって、もっとも秩序あるしくみだ。エントロピー増大の法則は、生命の上に、細胞のひとつひとつに情け容赦なく降り注ぎ、タンパク質を変性させ、細胞膜を酸化し、DNAを傷つけようとする。

11 すこしでもその法則に抗《あらが》うために、生命はあえて自らを壊すことを選んだ。率先して分解することで、変性、酸化、損傷を、つまり増大するエントロピーを必死に汲《く》み出そうとしているのだ。下るべき坂道をできるだけ登り返そうとしているのだ。あたかもシジフォスの巨石運びのように。

12 ［A］強大な宇宙の大原則のもとではその努力も徐々に㋔損なわれていく。排出しきれない乱雑さが少しずつ細胞内に溜《た》まっていく。やがてエントロピー増大の法則は、動的平衡の営みをb凌駕《りょうが》する。それが個体の死である。

13 人の心は変わるということ。④人は必ず死ぬということ。このあまりにも当たり前の事実を思い出すだけで、たいていのことはやり過ごすことができる。明日もがんばっていきましょう。

← ひとつの解答

動的平衡論

【具体的説明1】……なぜ人の心は変わるのか

動的平衡
- **生物の身体は分解と［①］のさなかにある**
- **全身のあらゆる部位が常につくりかえられている**

← 人は物質的には別人になる
だから
人の心は変わって当然なのだ

【具体的説明2】……なぜ人は死ぬのか

動的平衡
- **生物は積極的に自らを壊しては、つくりかえている**
- **細胞は壊すことの方を必死にやっている**

← 増大するエントロピーを必死に汲み出そうとしている

← やがてエントロピー増大の法則は、動的平衡の営みを凌駕する

＝ 個体の［②］

問一 **漢字** 傍線部㋐〜㋔のカタカナを漢字に改め、漢字には読みを示せ。［2点×5］

㋐ **マッセキ**

㋑ **ス**てられる

㋒ **更新**

㋓ **容赦**

㋔ **損**なわれ

問二 **語句** 波線部a「担保する」b「凌駕する」の意味を次からそれぞれ選べ。［3点×2］

a
ア 保証する
イ 解き明かす
ウ 肯定する
エ 否定する

b
ア 傷つけ破壊する
イ しのいで上回る
ウ 衰えて無くなる
エ 停止させる

問三 **文脈** 空欄Aに入る語を次から選べ。［3点］

ア つまり　**イ** しかし
ウ すると　**エ** さらに

問四 **理由** 傍線部①とあるが、人の心が変わるのは当然だと筆者が考えるのはなぜか。次から選べ。［5点］

ア 人以外のどんな生物の心にも一貫性はないから。
イ 人の身体とは常につくりかえられるものだから。
ウ 人は自分の存在を確かめるすべを持たないから。
エ 人の心は科学的には存在しないものだから。
オ 人の記憶は常に分解と合成を繰り返すから。

問五 **内容** 傍線部②とあるが、このような考え方について筆者はどう考えているか。解答欄にあてはまる語を本文中から二字で抜き出せ。［4点］

自分は自分であるということの根拠はなく、□□にすぎない。

問六 **理由** 傍線部③とあるが、何のためにそうするのか。二十字以内で答えよ。［7点］

問七 **主題** 傍線部④はなぜか。適当なものを次から選べ。［6点］

ア 動的平衡論は生命の秩序を保ち、身体の中のすべての問題を解決してくれるから。
イ 動的平衡による分解をエントロピーの増大による変性・酸化・損傷が圧倒するから。
ウ 動的平衡によってエントロピーが増大してより一層無秩序な状態になるから。
エ 動的平衡がタンパク質を分解する速度は常にエントロピーの法則を打ち破るから。
オ 動的平衡が生命を平衡な状態に保つ営みは、死によって停止してしまうから。

【まとめ】

- ●人の心は変わるということ
- ●人は必ず死ぬということ

← この当たり前の事実を思い出すだけで、たいていのことはやり過ごすことができる

▼**1** 空欄①・②にあてはまる語句を本文中から抜き出せ。［3点×2］

▼**2** 本文を右のように四つの意味段落に区切るとき、適当な分け方を次から選べ。［3点］

ア 1〜3／4〜6／7〜12／13
イ 1／2〜7／8〜11／12／13
ウ 1〜4／5〜7／8〜12／13
エ 1／2／3〜6／7〜12／13

29 奪われた覚悟

内山《うちやま》 節《たかし》

▶本文を読む前に

知・技	/14
思・判・表	/36
合計	/50

目標解答時間 20分

1 社会主義思想は、未来に絶対的で永遠な自由な社会を設定し、努力すればそれは可能だと提案したのである。現実の延長線上の未来に、この素晴らしき社会が、可能性として開かれている、と。

2 このような未来観は、社会主義思想だけのものではなかった。科学の発展に未来をみる者たちは、将来はあらゆる問題を科学が解決していくだろうと考えた。たとえば、一九六〇年ごろの日本で、どんなことが語られていたのかを思い起こしてみよう。数年後には、医学の発展は、ガンの治療法を確立するだろうと語られていた。そればかりか、いまごろは、人間は病気で(ア)ナヤむことはなくなっているはずであった。二十世紀中には、核融合発電がひろがり、海中に「(a)無尽蔵」にある重水素や三重水素を使って、人類はエネルギー問題から永遠に解放されているはずであった。単純な労働はすべて機械にまかせ、人間は楽しみながら創造的な仕事だけをしていればよいだろうとも語られていた。

3 こんなことを次々に思い出していったらきりがない。要するに科学の発展の先に(イ)エガかれていたものも、永遠の素晴らしい未来だったということを確認しておけば、ここでは十分である。

4 市民社会が成熟し、人々が自由で自立した個人になり、素晴らしき未来が生まれていくだろうと考えた人々もいる。民主主義の発展に、同様の可能性をみた人々もいる。近代思想は、こうして、素晴らしき未来が可能性として開けているという物語を競った。

5 私が、喪失させなければいけないと述べた未来とは、①このような未来である。つまり、問わなければいけないのは、素晴らしき未来を提示し、その実現に向けて努力していくのが人間の使命であり、歴史の中の人間の生き方だと考える精神の習慣が、はたして(ウ)シンライに足るものかどうか、である。

6 もっとも、現実には、[A]が示した素晴らしき未来は、どのような視点のものであれ、実現することはなかった。そして、そのたびに、この思想の担い手たちは語った。それは、自分たちの提示したものが、まだ十分に達成されていないからだ、と。未来は、依然として、[B]を開いているのだ、と。

7 だが、本当にそうだったのだろうか。近代的な市民社会の形成が、(エ)コリツした不安な個人をつくり出していったのではなかったか。人間的な自由の確立が、エゴイスティックな個人をつくり出し、自然の自由

7 **核融合発電**…原子核を反応させることで生まれるエネルギーによって発電させる方法。

7 **重水素**…水素の重い同位体の総称。

7 **三重水素**…水素の同位体の一つ。

15 **私が、喪失させなければいけないと述べた**…筆者は掲載部分以前でこのように述べている。

重要語句

15 喪失　22 エゴイスティック　28 楽観視　35 耐性

本文の展開

【近代思想が語る「未来」】……

社会主義思想
未来に絶対的で永遠な自由な社会が可能性として開かれていると提案

科学の発展
将来はあらゆる問題を科学が解決する（＝永遠の素晴らしい未来）と考えた

↓近代思想が提案する「**素晴らしき未来が可能性として開けている**」という物語

を奪っていったのではなかったか。近代的正義の発生が、②正義の名を借りた戦争を生み出し続けたのではなかったか。それらはすべて、まだ成熟していないからではなく、それが実現した結果、生まれたものだったのではなかったか。

[8] こういう視点を、ひろく人々に意識させたものの一つに、環境問題があった。現代文明の発展は間違いなく環境を悪化させる。たとえ環境に負荷を与えない技術や、環境を回復する技術が開発され続けたとしても、それは環境の悪化速度を㋔オクらせることができるだけであって、私たちは未来の環境を楽観視することはできないだろう。それればかりか、将来の水不足、森林不足、食料不足などは、すでに予測可能なところまできている。

[9] とともに、環境問題が提起したものは、我々は誰もが、環境悪化の被害者であり、加害者でもあるということだった。私たちの日常それ自体が、環境悪化のb一因になっている。

[10] この問題は、素晴らしき未来がありうるという発想に、疑いを抱かせる役割を果たした。それればかりか、③私たちの社会は、たえず新しい矛盾を生み出し続けているのではないか、ということも教えたのである。ちょうど医学の発達が、新しい耐性ウィルスを生み出したり、新しい病気をひろめるように、個人の社会の確立が、個人の喪失感を深めていくように、である。

[11] 近代の思想は、将来は矛盾なき社会が、そこまでは言わなかったとしても矛盾が少ない社会が訪れると語ることによって、人間から④矛盾とともに生きる覚悟を奪ったのである。だが、大事なものは、矛盾と折り合いをつけながら生きる覚悟だったのではなかったか。

【「未来」への疑念】……

素晴らしき未来
＋
その実現に向けた努力
↑
人間の使命・生き方

「シンライに足るのか」

→ ①［　　］しなかった

← 近代思想の担い手

「まだ十分に達成されていないから」
- 近代市民社会→コリツした不安な個人
- 人間的自由→エゴイスティックな個人
- 近代的正義→その名を借りた戦争
  実現したもの→結果、生まれたもの

←「まだ成熟していないから」ではない

【近代社会の矛盾】……

環境問題
現代文明の発展
↓私たちの日常自体が環境悪化の一因＝環境悪化の加害者
環境の悪化（水・森林・食料不足）
↓誰もが環境悪化の被害者

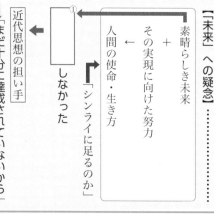

問一 漢字 傍線部㋐〜㋔のカタカナを漢字に改めよ。［2点×5］

㋐ **ナヤ**む

㋑ **エガ**かれ

㋒ **シンライ**

㋓ **コリツ**

㋔ **オク**らせる

問二 語句 波線部a「無尽蔵」b「一因」の意味を次からそれぞれ選べ。［2点×2］

a **ア** 蓄えられないこと **イ** 取り出せないこと **ウ** 無限にあること **エ** どこにでもあること

b **ア** 最大の原因 **イ** 原因の一つ **ウ** 唯一の原因 **エ** 原因の要素

問三 指示 傍線部①とは、どのような未来か。適当なものを次から選べ。［5点］

ア 努力を重ねても実現するとは思えない理想の未来。
イ 近代思想の担い手たちが語る素晴らしい未来。
ウ 近代社会の成立後に生まれる不安に満ちた未来。
エ 科学の発展により生まれる現実の延長線上の未来。
オ 自由を手にする反面、環境悪化に悩まされる未来。

問四 内容 本文中の空欄 A ・ B に入る語句を、Aは四字、Bは三字で本文中から抜き出せ。［3点×2］

A

B

問五 内容 傍線部②とあるが、これはどのようにして生み出されたものだと筆者は言っているか。解答欄に合う形で、十五字以内で答えよ。［4点］

生まれた。

問六 内容 傍線部③とあるが、それはどういうことか。8段落の例を用いて三十字程度で答えよ。［6点］

問七 主題 傍線部④とあるが、その具体的な例として適当なものを次から選べ。［6点］

ア ガンの治療法がまだ確立していないことを認め、将来にはそれが実現すると考えること。
イ エネルギー問題はなくならないと自覚して、現実的な対策を協議し、実行していくこと。
ウ 単純な労働を機械にはまかせられないことを理解しつつ、創造的な仕事に専念すること。
エ 核融合発電が完成しているとは言い難いものの、無尽蔵なエネルギーの獲得を願うこと。
オ これ以上個人が喪失感を抱えずに済むよう、個人社会を積極的に解体していくこと。

↓**「素晴らしき未来」への疑念**
＋
社会が新しい矛盾を生み出し続けていることを教えた。

【筆者の主張】
大事なのは、［②］と折り合いをつけながら生きる覚悟ではないか

▼**1** 空欄①・②にあてはまる語句を本文中から抜き出せ。［3点×2］

▼**2** 本文を右のように四つの意味段落に区切るとき、適当な分け方を次から選べ。［3点］

ア 1〜4／5〜7／8〜10／11
イ 1〜3／4〜6／7〜10／11
ウ 1〜4／5〜8／9・10／11
エ 1〜3／4〜7／8〜9／10・11

30

芋粥《いもがゆ》 芥川龍《あくたがわりゅう》之《の》介《すけ》 × 『宇《う》治拾遺《じしゅうい》物語《ものがたり》』利仁《としひと》将軍が芋粥をご馳走《ちそう》した 町《まち》田《だ》康《こう》訳

本文を読む前に

知・技	/16
思・判・表	/34
合計	/50

目標解答時間 20分

【文章Ⅰ】は『宇治拾遺物語』『今昔物語集』の中の説話を題材として作られた小説の一部である。【文章Ⅱ】はその説話の現代語訳である。

【文章Ⅰ】 芥川龍之介「芋粥」

五位《ごい》は毎年、この芋粥を楽しみにしている。が、いつも人数が多いので、自分が飲めるのは、いくらもない。それが今年は、とくに、少なかった。そうして気のせいか、いつもより、よほど味がよい。そこで、彼は飲んでしまった後の椀《わん》を［A］と眺めながら、薄い口髭《くちひげ》についている滴《しずく》を、掌《てのひら》で拭いて誰に言うともなく、「いつになったら、これに飽けることかのう。」と、こう言った。

「大夫《たいふ》殿は、芋粥に飽かれたことがないそうな。」

五位の言葉が終わらないうちに、誰かが、あざ笑った。錆《さび》のある、a鷹揚《おうよう》な、武人らしい声である。五位は、(ア)猫背の首をあげて、臆病らしく、その人のほうを見た。声の(イ)ヌシは、そのころ、同じ基経《もとつね》の恪勤《かくごん》になっていた、民部卿《きょう》時長の子藤原利仁《ふじわらのとしひと》である。肩幅の広い、身長《みのたけ》の群を抜いたたくましい大男で、これは、ゆで栗《ぐり》をかみながら、黒酒《くろき》の(ウ)杯を重ねていた。もう大分酔いが回っているらしい。

「お気の毒なことじゃ。」利仁は、五位が顔をあげたのを見ると、軽蔑《けいべつ》とb憐憫《れんびん》とを一つにしたような声で、言葉を継いだ。「お望みなら、利仁がお飽かせ申そう。」

始終、いじめられている犬は、たまに肉をもらっても容易に寄りつかない。五位は、例の笑うのか、泣くのか、わからないような笑顔をして、利仁の顔と、空の椀とを、等分に見比べていた。

「おいやかな。」「……。」

「どうじゃ。」「……。」

五位は、そのうちに、衆人の視線が、自分の上に、集まっているのを感じ出した。答え方一つで、また、一同の嘲弄を、受けなければならない。あるいは、どう答えても、結局、ばかにされそうな気さえする。彼は躊躇《ちゅうちょ》した。もし、そのときに、相手が、少し面倒臭そうな声で、「①おいやなら、たってとは申すまい。」と言わなかったなら、五位は、いつまでも、椀と利仁とを、見比べていたことであろう。

彼は、それを聞くと、慌ただしく答えた。

「②いや……かたじけのうござる。」

この問答を聞いていた者は、皆、一時に、失笑した。「いや、かたじけのうござる。」——こう言って、五位の答えを、まねる者さえある。

【文章Ⅱ】町田康訳「利仁将軍が芋粥をご馳走した」

これもそうとう前、あのなにかにつけ(エ)ゴウカイでスケールの大きいことで有名な藤原利仁将軍がまだ若く、当時の(オ)チョウテイのトップクラスの人、すなわち摂政関白に就任する家柄の人、の家で侍として働いていた頃、その家で、大饗《だいきょう》といって、正月に開く宴会があったときの話である。

その頃は、宴会が終わって残った飲み物や食べ物を、大饗のお下がりもの、といって当時の利仁のごとき侍やその他、奉仕する人たちがみなで食べるのがひとつの習わしであった。

その顔ぶれのなかに、もう長いことその家で働いて、すっかり古株となっていろんなことを知っているので、なにかにつけ先輩風を吹かせてみんなに割と嫌がられている人が居た。朝廷での位階が五位であったから、とりあえず五位の人という意味で、五位と呼ぶことにする。

この五位が、芋粥をすすりながら忌々《いまいま》しげに舌打ちをして、「ああ、いっぺんでよいから、この芋粥ってやつを、もういい、と思うまで食べてみたいものだが、まあ、無理だろうな。」と言った。

おそらくは誰に聞かせるとでもなく、無意識に口から出た言葉だったのだろうが、たまたま隣に座っていた利仁がこれを聞いて、内心で、おほほ。と思いつつ言った。

「あの、大夫殿は、やっぱあれですか。まだ、芋粥を飽きるほど食べたことがないんですか。」

大夫殿と言ったのは、この頃、五位以上の人に呼びかけるときは大夫さん、と言うのが普通だったからで、言われた方の五位は内心で、このガキはなにを吐《ぬ》かしやがるのか、と思いつつも、自分が言ってしまったのだから仕方がない、「まあね。」と答えた。したところ利仁が、「ほんだらこんど奢《おご》らしてくださいよ。飽きるほどご馳走しますよ。」と言うので五位は、「そりゃ楽しみだ。」と言って、その場はそれで終わった。

【文章Ⅰ】 6 **基経**…藤原基経。平安時代前期の摂政で、五位が仕えている人物。
6 **恪勤**…院・親王家・大臣家などに仕えた武士。
6 **民部卿**…民部省の長官。民部省は民政（戸籍・山川・道路・租税など）を扱う役所。
7 **黒酒**…朝廷の儀式などで、神前に供える黒い酒。

重要語句

【文章Ⅰ】 6 群を抜く　7 酔いが回る　8 軽蔑
【文章Ⅱ】 2 家柄　6 先輩風を吹かせる　8 忌々しげ

問一 漢字 傍線部㋐～㋔のカタカナを漢字に改め、漢字には読みを示せ。〔2点×5〕

㋐ 猫背
㋑ ヌシ
㋒ 杯
㋓ ゴウカイ
㋔ チョウテイ

問二 語句 波線部a「鷹揚な」b「憐憫」の意味を次からそれぞれ選べ。〔3点×2〕

a ア はっきりとした　イ さっぱりとした
ウ ゆったりとした　エ がっしりとした

b ア あわれみの気持ち　イ さげすみの気持ち
ウ 親しみの気持ち　エ 慰めの気持ち

問三 文脈 空欄Aに入る語を次から選べ。〔4点〕

ア はらはら　イ しげしげ
ウ のろのろ　エ そわそわ

問四 内容 傍線部①から誰のどういう気持ちが読み取れるか。適当なものを次から選べ。〔6点〕

ア 利仁の、ためらっている五位に意地悪をしてやろうという気持ち。
イ 利仁の、遠慮している五位を哀れで気の毒に思う気持ち。
ウ 利仁の、返事をしない優柔不断な五位にいらだつ気持ち。
エ 周囲の人の、おどおどとしている五位を腹立たしく思う気持ち。
オ 周囲の人の、考え込んでいる五位に決断させてやろうという気持ち。

問五 内容 傍線部②には五位のどういう気持ちが表れているか。適当なものを次から選べ。〔8点〕

ア 利仁は自分に共感してくれているのに、周囲の人には理解してもらえないことに対しての腹立たしさ。
イ 利仁や周囲の人の態度に不満を感じながらも、礼を言わなければならないという悔しさ。
ウ 周囲の人がばかにしていても、利仁の優しい心に対しては礼を言わなければならないという諦め。
エ 利仁が面倒臭そうにしていても、自分の希望がようやくかなうことに対してのうれしさ。
オ 利仁には蔑まれているが、周囲の人が優しい心で見守ってくれていることへの感謝。

問六 主題 「五位」の人物像について、【文章Ⅰ】と【文章Ⅱ】を比較した次の文の a ・ b にあてはまる語句を、aは三字以内、bは十五字以内で本文中から抜き出せ。〔8点×2〕

【文章Ⅰ】では、利仁に気後れして答えられなかったり、周囲の目を気にしたりする a な人物として描かれているが、【文章Ⅱ】では、 b みんなに嫌がられたり、利仁の言い方に腹を立ててもそれを表に出さなかったりする人物として描かれている。

a
b

訂正情報配信サイト
利用に際しては、一般に、通信料が発生します。
https://dg-w.jp/f/b50e8

ニューフェイズ　現代文１＋

2024年１月10日　初版第１刷発行
2025年１月10日　初版第２刷発行

編　者　第一学習社編集部
発行者　松　本　　洋　介
発行所　株式会社　第一学習社

広　島：〒733-8521　広島市西区横川新町７番14号　☎082-234-6800
東　京：〒113-0021　東京都文京区本駒込５丁目16番７号　☎03-5834-2530
大　阪：〒564-0052　吹田市広芝町８番24号　☎06-6380-1391
札　幌：☎011-811-1848　仙　台：☎022-271-5313　新　潟：☎025-290-6077
つくば：☎029-853-1080　横　浜：☎045-953-6191　名古屋：☎052-769-1339
神　戸：☎078-937-0255　広　島：☎082-222-8565　福　岡：☎092-771-1651

■■■ 技能別採点シート ■■■

	知識・技能		思考力・判断力・表現力							合計
	漢字	語句	指示	理由	文脈	内容	表現	主題	本文の展開	
1	/10	/6	/5		/3	/8		/6	/12	/50
2	/10	/8	/7		/5	/6		/5	/9	/50
3	/10	/6	/6		/3	/10		/6	/9	/50
4	/10	/6		/6		/11		/8	/9	/50
5	/10	/6		/10	/7			/8	/9	/50
6	/10	/6		/5		/13		/6	/10	/50
7	/10	/6		/6	/4	/6	/3	/5	/10	/50
8	/10	/6	/5		/6		/6	/7	/10	/50
9	/10	/6				/16		/10	/8	/50
10	/10	/6		/5	/3	/11		/6	/9	/50
11	/10	/3			/4	/18		/6	/9	/50
12	/10	/6	/5		/4	/10		/6	/9	/50
13	/10	/6		/5		/14		/6	/9	/50
14	/10	/6	/5		/3	/11		/6	/9	/50
15	/10	/4		/5	/3	/11		/8	/9	/50
16	/10	/4			/10	/10		/7	/9	/50
17	/10	/6			/4	/13		/8	/9	/50
18	/10	/6				/18		/6	/10	/50
19	/10	/6		/12		/14		/8		/50
20	/10	/6		/10		/14			/10	/50
21	/10	/6		/6	/5	/6		/7	/10	/50
22	/10	/6	/4	/4		/5		/11	/10	/50
23	/10	/6		/6		/11		/7	/10	/50
24	/10	/6			/4	/15		/5	/10	/50
25	/10	/6		/7		/11		/6	/10	/50
26	/10	/8		/6		/19		/7		/50
27	/10	/4		/6	/3	/5		/12	/10	/50
28	/10	/6		/12	/3	/4		/6	/9	/50
29	/10	/4	/5			/16		/6	/9	/50
30	/10	/6			/4	/14		/16		/50